Maties/Wank

Handels- und Gesellschaftsrecht

Handels- und Gesellschaftsrecht

von

Dr. Martin Maties
o. Professor
an der Universität Augsburg

Dr. Rolf Wank
em. o. Professor
an der Ruhr-Universität Bochum

4. Auflage 2016

C.H.BECK

www.beck.de

ISBN 978 3 406 69795 1

Wilhelmstraße 9, 80801 München
Druck: Nomos Verlagsgesellschaft
In den Lissen 12, 76547 Sinzheim

Satz: DTP-Vorlagen der Autoren
Umschlagsatz: Druckerei C. H. Beck Nördlingen

Gedruckt auf säurefreiem, alterungsbeständigem Papier
(hergestellt aus chlorfrei gebleichtem Zellstoff)

Vorwort

In der juristischen Ausbildung gibt es immer wieder Situationen, in denen man „auf die Schnelle“ alles Wesentliche einer Materie parat haben sollte. Diesem Bedürfnis soll hier Rechnung getragen werden; sei es, dass diese Schrift zur komprimierten Wiederholung der Sachmaterie kurz vor den Klausuren oder der mündlichen Prüfung herangezogen wird, sei es, dass sie als rascher Einstieg in eine bisher unbekannte Materie dient. Für eine vertiefte Beschäftigung mit der Materie sind die Lehrbücher und Fallsammlungen des Handels- und Gesellschaftsrechts hinzuzuziehen.

Dieses Ziel soll unter anderem mittels Aufbauschemata und Fällen verfolgt werden. Aufgrund dieses Zwecks wird weitestgehend auf Literaturnachweise verzichtet, um den Lesefluss nicht zu beeinträchtigen.

Das Buch richtet sich an alle Juristen und ist gerade nicht auf Juristen mit dem Schwerpunktbereich Gesellschaftsrecht ausgerichtet, da hier nur grundlegendes Examenswissen vermittelt werden soll.

Für Anregungen und Verbesserungsvorschläge sind wir stets dankbar. Bitte senden Sie diese an martin.maties@rub.de.

Augsburg und Köln, im Juni 2016

Martin Maties
Rolf Wank

Inhaltsverzeichnis

Abkürzungsverzeichnis

a.A.	anderer Ansicht
aA	auf Aktien
a.E.	am Ende
AEUV	Vertrag über die Arbeitsweise der Europäischen Union
AG	Aktiengesellschaft
AktG	Aktiengesetz
BAG	Bundesarbeitsgericht
BetrVG	Betriebsverfassungsgesetz
BGB	Bürgerliches Gesetzbuch
BGH	Bundesgerichtshof
BGHZ	Entscheidungen des BGH in Zivilsachen (Zeitschrift)
BRAO	Bundesrechtsanwaltsordnung
BVerfG	Bundesverfassungsgericht
DepotG	Gesetz über die Verwahrung und Anschaffung von Wertpapieren
DrittelbeteiligungsG	Drittelbeteiligungsgesetz
e.V.	eingetragener Verein
eG	eingetragene Genossenschaft
EG	Europäische Gemeinschaft
ehem.	ehemalige
EU	Europäische Union
EuGH	Europäischer Gerichtshof
EWIVAG	Gesetz zur Ausführung der EWG-Verordnung über die Europäische wirtschaftliche Interessenvereinigung
EWIV-VO	EWIV-Verordnung
FamFG	Gesetz über das Verfahren in Familiensachen und in den Angelegenheiten der freiwilligen Gerichtsbarkeit
f.	und der/die Folgende
ff.	und der/die Folgenden
FS	Festschrift
GbR	Gesellschaft bürgerlichen Rechts

GenG	Genossenschaftsgesetz
GewO	Gewerbeordnung
GmbH	Gesellschaft mit beschränkter Haftung
GmbHG	Gesetz betreffend die Gesellschaften mit beschränkter Haftung
h.L.	herrschende Lehre
h.M.	herrschende Meinung
HGB	Handelsgesetzbuch
HReg	Handelsregister
HS.	Halbsatz
i.d.R.	in der Regel
i.e.S.	im engeren Sinn
i.S.d.	im Sinne des (der)
i.V.m.	in Verbindung mit
i.w.S.	im weiteren Sinn
InsO	Insolvenzordnung
jur.	juristische
KG	Kommanditgesellschaft
lit.	litera = lateinisch: Buchstabe
Lit.	Literatur
MarkG	Markengesetz
MitbestG	Mitbestimmungsgesetz
MitbestErgG	Mitbestimmungsergänzungsgesetz
MontanmitbestimmungsG	Montanmitbestimmungsgesetz
NJW	Neue Juristische Wochenschrift (Zeitschrift)
Nr.	Nummer
NZG	Neue Zeitschrift für Gesellschaftsrecht (Zeitschrift)
OHG	offene Handelsgesellschaft
PartGG	Gesetz über Partnerschaftsgesellschaften Angehöriger Freier Berufe
RL	Richtlinie
Rspr.	Rechtsprechung
SCEAG	SCE-Ausführungsgesetz
SE	Europäische Gesellschaft (Societas Europaea)
UmwG	Umwandlungsgesetz
UWG	Gesetz gegen den unlauteren Wettbewerb
VAG	Versicherungsaufsichtsgesetz
VVG	Versicherungsvertragsgesetz
VVaG	Versicherungsverein auf Gegenseitigkeit
ZPO	Zivilprozessordnung

Literaturverzeichnis

Hans Brox/Martin Henssler, Handelsrecht, 22. Aufl. 2016

Peter Bülow, Handelsrecht, 7. Aufl. 2015

Claus-Wilhelm Canaris, Handelsrecht, 24. Aufl. 2006

Barbara Grunewald, Gesellschaftsrecht, 9. Aufl. 2014

Paul Hofmann, Handelsrecht, 11. Aufl. 2002

Ulrich Hübner, Handelsrecht, 5. Aufl. 2004 (Nachfolger: *Fischinger*)

Fischinger, Handelsrecht, 2015

Christine Windbichler, Gesellschaftsrecht, 23. Aufl. 2013

Jens Koch, Gesellschaftsrecht, 9. Aufl. 2015

Peter Jung, Handelsrecht, 10. Aufl. 2014

Peter Kindler, Grundkurs Handels- und Gesellschaftsrecht, 7. Aufl. 2014

Friedrich Kübler/Heinz-Dieter Assmann, Gesellschaftsrecht, 6. Aufl. 2006

Hartmut Oetker, Handelsrecht, 7. Aufl. 2015

Günter H. Roth/Marc-Philippe Weller, Handels- und Gesellschaftsrecht, 8. Aufl. 2013

Karsten Schmidt, Gesellschaftsrecht, 4. Aufl. 2002

Karsten Schmidt, Handelsrecht, 6. Aufl. 2014

Artur Teichmann, Handelsrecht, 3. Aufl. 2013

Wolfram Timm/Torsten Schöne, Fälle zum Handels- und Gesellschaftsrecht Bd. I, 9. Aufl. 2014; Bd. II, 8. Aufl. 2014

Rolf Wank, Handels- und Gesellschaftsrecht, 2. Aufl. 2010

Herbert Wiedemann, Gesellschaftsrecht, Bd. I, 1980; Bd. II, 2004

Kapitel 1. Handelsrecht

A. Handelsrecht und Kaufmannseigenschaft

I. Die Reichweite des Handelsrechts

Das Handelsrecht als Rechtsgebiet umfasst weitaus mehr, als sich im HGB findet. Umgekehrt enthält das HGB außer den privatrechtlichen Vorschriften auch solche des öffentlichen Rechts. So unterliegt der Kaufmann der Pflicht, bestimmte Tatsachen zum Handelsregister anzumelden (s. z.B. §§ 12, 29 HGB), seine Firma in bestimmter Form zu führen (§§ 18 ff. HGB), Mindestangaben auf Geschäftsbriefen zu machen (§ 37a HGB) und eine kaufmännische Buchführung anzuwenden (§§ 238 ff. HGB). **1**

Im HGB finden sich daneben auch Teile des Gesellschaftsrechts (§§ 105 ff., 161 ff., 230 ff. HGB) sowie zum Teil auch Arbeitsrecht (§§ 59 ff. HGB). **2**

In den meisten Fällen enthält das Handelsrecht Ausnahmen oder Ergänzungen zum Bürgerlichen Recht (vgl. z.B. § 350 HGB mit § 766 BGB). Für die Fallbearbeitung bedeutet das üblicherweise: Im Rahmen eines bürgerlich-rechtlichen Aufbauschemas ergeben sich punktuelle Abweichungen. So ist beispielsweise die Frage, ob ein Beteiligter Kaufmann ist, nicht als solche zu prüfen, sondern nur, wenn daran besondere Rechtsfolgen anknüpfen. **3**

II. Der Kaufmann

Zentraler Begriff ist der Kaufmannsbegriff. In einem ersten Zugriff ist folgende Zweiteilung zu beachten: **4**

- Kaufmann kraft Rechtsform, § 6 HGB
- Kaufmann kraft Handelsgewerbes, § 1 Abs. 1 HGB.

1. Der Formkaufmann

5 Zweckmäßigerweise beginnen Sie Ihre Prüfung mit § 6 HGB. Kapitalgesellschaften sind jeweils kraft besonderer gesetzlicher Anordnung Kaufmann, so AG (§ 3 Abs. 1 AktG), KGaA (§ 278 Abs. 3 AktG), GmbH (§ 13 Abs. 3 GmbHG) und die Europäische Genossenschaft (SE) (§ 3 SCEAG). Die eingetragene Genossenschaft (eG) „gilt" nach § 17 Abs. 2 GenG als Kaufmann. Die Kapitalgesellschaften sind allein aufgrund ihrer Rechtsform Kaufleute, § 6 Abs. 1 HGB. Keine Kaufleute sind die Aktionäre und die Vorstandsmitglieder einer AG, die Gesellschafter und die Geschäftsführer einer GmbH.

6 Personengesellschaften kraft Rechtsform sind die OHG und die KG. Voraussetzung für deren Entstehung ist der Abschluss des Gesellschaftsvertrages, wobei der Zweck auf den Betrieb eines Handelsgewerbes gerichtet sein muss. Nach § 123 Abs. 1 HGB tritt die Gesellschaft *im Außenverhältnis* mit dem Zeitpunkt der Eintragung ins Handelsregister in Kraft (oder mit Geschäftsbeginn, wenn dieser vorher liegt, § 123 Abs. 2 HGB). In zwei Ausnahmefällen (Betreiben eines kleinen Gewerbes; nur eigene Vermögensverwaltung) ist die Eintragung im Handelsregister konstitutiv für die Entstehung der Gesellschaft, § 2 und § 105 Abs. 2 HGB.

Fall 1: A und B haben von ihren Eltern vier Grundstücke mit Mietwohnungen geerbt. Sie schließen eine Gesellschaft mit dem Zweck, diese Grundstücke gemeinsam weiter zu bebauen, zu verwalten und zu vermieten. Jeder soll nach dem Vertrag Einzelvertretungsmacht haben. Ist eine von A gegenüber D namens der Gesellschaft mündlich erteilte Bürgschaft wirksam?

Lösung: Nach § 350 HGB gilt § 766 BGB nicht, wenn auf Seiten des Bürgen ein Handelsgeschäft vorliegt. Das könnte nach §§ 343, 6 Abs. 1, 105 Abs. 1 HGB hier der Fall sein. Aber nach § 105 Abs. 2 HGB ist die Gesellschaft, die nur eigenes Vermögen verwaltet, nur dann OHG, wenn sie im Handelsregister eingetragen wird. Hier handelt es sich demnach um eine GbR

(§ 705 BGB), für die § 350 HGB nicht gilt. Die Bürgschaft ist unwirksam.

Hinweis: Die GbR ist von den §§ 741 ff. BGB abzugrenzen. Die Bruchteilsgemeinschaft ist nur eine Interessengemeinschaft, die keine weiteren gemeinsamen Zwecke verfolgt. Je nach Ausgestaltung können Zwecke vorliegen, die die Annahme einer GbR rechtfertigen.

Keine Handelsgesellschaften sind die stille Gesellschaft, die GbR und die Partnerschaftsgesellschaft (§ 1 Abs. 1 S. 2 PartGG). **7**

Handelt es sich in Ihrem Sachverhalt nicht um einen Formkaufmann, kommt ein Kaufmann kraft Handelsgewerbes (§ 1 HGB) in Betracht: entweder, weil der Betreffende tatsächlich ein Handelsgewerbe betreibt (sog. Istkaufmann) oder weil dies fingiert wird. **8**

2. Der Kaufmann kraft (Handels)gewerbes

Da der Sachverhalt i.d.R. angibt, dass tatsächlich ein Handelsgewerbe betrieben wird und Sie es in Klausuren bis zum Ersten juristischen Staatsexamen i.d.R. mit einem unstreitigen Sachverhalt zu tun haben, brauchen Sie nicht auf die Fiktion auszuweichen. Damit ist Ausgangspunkt § 1 HGB. Die Vorschrift mit ihren beiden Absätzen ist umständlich aufgebaut. Auf den Wortbestandteil „Handel" kommt es nicht an (er ist aus der früheren Gesetzesfassung vor der Reform stehen geblieben). Grundsätzlich gilt der Kaufmannsbegriff für alle Berufe. Ausgenommen sind nur die freien Berufe und die Land- und Forstwirtschaft (s.u. Rn. 13 ff., 27 ff.). Richtig formuliert müsste § 1 HGB lauten: „Kaufmann ist, wer ein Gewerbe betreibt, es sei denn, dass das Unternehmen nach Art oder Umfang einen in kaufmännischer Weise eingerichteten Geschäftsbetrieb nicht erfordert." **9**

Umstritten ist die Kaufmannseigenschaft der Gesellschafter einer OHG sowie der Komplementäre einer KG. Da diese Personen persönlich haften und damit die Gesellschaft auf eigenes Risiko betreiben, sind sie – anders als Kommanditisten – Kaufleute. **10**

11 § 6 Abs. 2 HGB hat keine Bedeutung mehr. Die Vorschrift besagt, dass § 1 Abs. 2 HGB für Formkaufleute nicht gilt.

12

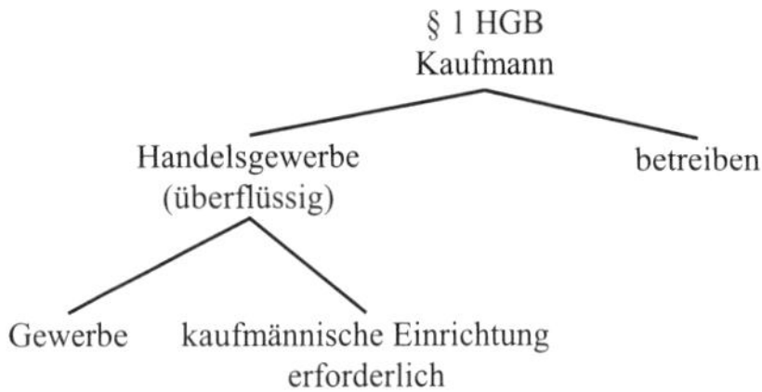

Sie sehen, es kommt auf die drei Untermerkmale an: Gewerbe, betreiben, Erfordernis kaufmännischer Einrichtung.

a) Gewerbe

13 Der Begriff des Gewerbes ist nicht legaldefiniert. Entsprechend der „Relativität der Rechtsbegriffe“ muss zwischen dem Gewerbebegriff des HGB und dem Gewerbebegriff in anderen Gesetzen unterschieden werden (die entsprechende Aussage in § 1 Abs. 1 HGB „im Sinne dieses Gesetzes“ drückt daher nur eine Selbstverständlichkeit aus). Einige Merkmale sind allgemein anerkannt. So muss die Tätigkeit

- selbständig
- am Markt
- planmäßig und dauerhaft

ausgeübt werden, um den Gewerbebegriff zu erfüllen.

aa) Selbständigkeit

Fall 2: Die Prima-Kost-GmbH beschäftigt als Außendienstverkäufer u.a. den A. In seinem Vertrag mit der GmbH wird er als selbständiger Gewerbetreibender bezeichnet. Tägliche Fahrtroute, Kundenliste, Verkaufspreise und alle Details seiner Tätigkeit werden ihm von der GmbH genau vorgeschrieben. Eigenen unternehmerischen Spielraum hat er nicht. Ist er Kaufmann nach § 1 HGB?

Lösung: Der Gewerbebegriff des HGB erfordert u.a. die Selbständigkeit. Das Merkmal dient u.a. der Abgrenzung von gewerblicher Tätigkeit und Tätigkeit als Arbeitnehmer (s. auch Rn. 118ff.). Nach allgemeiner Ansicht kommt es nicht auf die Bezeichnung des Vertragsverhältnisses durch die Parteien an, sondern darauf, ob es sich objektiv gesehen um einen Dienstvertrag i.e.S. oder um einen Arbeitsvertrag handelt. Nach allen vertretenen Meinungen erfüllt A nicht die Anforderungen an die Selbständigkeit; sei es dass man auf seine enge Weisungsbindung abstellt oder auf das Fehlen unternehmerischer Chancen. A ist „Scheinselbständiger“, in Wahrheit also Arbeitnehmer. Damit ist er auch kein Kaufmann.

bb) Auftreten am Markt

Die Tätigkeit muss des Weiteren am Markt ausgerichtet sein **14**
und darf nicht nur privaten Zwecken dienen. So besagt § 105 Abs. 2 HGB, dass die bloße Verwaltung des eigenen Vermögens nicht zum Kaufmann macht.

cc) Dauerhaftigkeit

Fall 3: B hat hinter seinem Haus einen großen Obstgarten. Zur Zeit der Apfelernte setzt er sich mit einem Verkaufsstand an die Straße. Ist er Kaufmann?

Lösung: Nein, der gelegentliche Verkauf genügt nicht.

dd) Umstrittene Erfordernisse

Für die Erfüllung des Gewerbebegriffs umstritten sind die **15**
Erfordernisse:

- Gewinnerzielungsabsicht
- Erlaubtheit der Tätigkeit.

Die Gewinnerzielungsabsicht ist nach heute h.M. kein Abgren- **16**
zungsmerkmal. Auch gemeinnützige Organisationen, die nur kostendeckend arbeiten, sind daher Kaufleute. Vorzugswürdig ist das Merkmal der entgeltlichen Leistungserbringung am Markt.

Fall 4: K kauft in großem Umfang alte Pkw auf, für die seine Kunden die staatliche Abwrackprämie erhalten. Gegenüber den Behörden erklärt K, er habe die Fahrzeuge ordnungsgemäß verschrottet. Tatsächlich verkauft er sie an Aufkäufer in Afrika. Kann K, der im Rahmen seiner Geschäftstätigkeit mit D eine Vertragsstrafe vereinbart und diese verwirkt hat, von D die Herabsetzung der Vertragsstrafe verlangen?

Lösung: Nach § 348 HGB nicht, wenn K Kaufmann ist. Da er alle Voraussetzungen des § 1 HGB erfüllt, greift § 343 BGB für ihn nicht ein. Ob die Tätigkeit erlaubt ist, mag für die Beurteilung der Wirksamkeit von Geschäften nach §§ 134, 138 BGB von Bedeutung sein. Das rechtfertigt es aber nicht, diejenigen von der Beachtung kaufmännischer Pflichten auszunehmen, die ein unerlaubtes Gewerbe betreiben.

ee) Ausgenommene Berufe

17 (1) Nicht zum Gewerbe gehören die *freien Berufe*. Teilweise werden sie kraft Gesetzes von der Kaufmannseigenschaft ausgenommen (s. z.B. für Rechtsanwälte § 2 BRAO). Im Übrigen ist die Abgrenzung nur historisch erklärbar.

Merke:
- Wissenschaft
- Kunst
- Medizin
- Lehrtätigkeit
- Rechtsberatung (Rechtsanwälte, Wirtschaftsprüfer, Steuerberater).

18 Eine Legaldefinition enthält § 1 Abs. 2 S. 1 PartGG. Der dortige Satz 2 zählt freie Berufe auf.

19 Achtung! Entscheidend sind darüber hinaus Kreativität und persönliche Leistungserbringung. Das bedeutet, dass es letztlich nicht auf den Beruf als solchen ankommt, sondern auf die konkrete Art der Ausübung.

Bei einer Falllösung müssen Sie also zweistufig vorgehen: Prü- 20
fen Sie, ob (von der Art des Berufs her) eine freier Beruf vorliegt; wenn nein, greift § 1 HGB ein. Handelt es sich um einen freien Beruf der Art nach, so ist der Ausübung nach die Tätigkeit nur dann von § 1 HGB ausgenommen, wenn sie entweder nicht gewerblich oder wenn sie in einer Arbeitnehmerstellung ausgeübt wird.

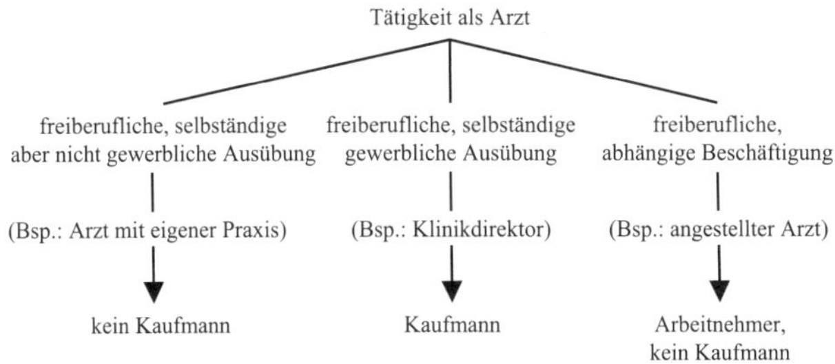

(2) § 1 HGB ist auch nicht auf Betriebe der *Land- und Forst-* 21
wirtschaft anwendbar (s. aber Rn. 27 zum Kaufmann kraft Eintragung).

b) Erfordernis kaufmännischer Einrichtung

Das Gewerbe muss nach § 1 Abs. 2 HGB einen „in kauf- 22
männischer Weise eingerichteten Geschäftsbetrieb erfordern“. Dafür sind Art *und* Umfang des Betriebes maßgeblich (die Formulierung mit „oder“ beruht auf der negativen Formulierung im Hinblick auf die Beweislastregelung).

Der Art nach kann etwa Kompliziertheit und Vielfalt der ab- 23
geschlossenen Geschäfte von Bedeutung sein. Bzgl. des Umfangs kommt es auf den Umsatz und die Zahl der Beschäftigten an sowie darauf, ob die Grundsätze der kaufmännischen Buchführung angewandt werden müssen. Entscheidend ist, dass eine kaufmännische Einrichtung erforderlich ist, unabhängig davon, ob der Inhaber entsprechend verfährt.

Wie sich aus der Gesetzesformulierung ergibt, wird das Vor- 24
liegen dieser Voraussetzung vermutet. Für Sie bedeutet das:

Fehlt es an weiteren Angaben im Sachverhalt, genügt das „Betreiben“ eines „Gewerbes“ für die Kaufmannseigenschaft.

c) Betreiben eines Gewerbes

25 Schließlich kommt es für den Kaufmannsbegriff darauf an, wer das Unternehmen „betreibt“. Hier geht es um die finanzielle Zurechnung. Betreiber ist beispielsweise auch der Pächter, aber nicht der Prokurist. Im eigenen Namen betreibt auch der Kommissionär seine Geschäfte, wenn auch auf fremde Rechnung (s. Rn. 147).

d) Rechtsfolge

26 Rechtsfolge der Kaufmannseigenschaft ist u.a. die Pflicht zur Anmeldung beim Handelsregister, § 29 HGB. Die Eintragung hat allerdings nur deklaratorische Wirkung. Im Übrigen sind auf Kaufleute alle Vorschriften des Handelsrechts anwendbar, die an die Kaufmannseigenschaft anknüpfen.

3. Der Kaufmann kraft Eintragung

27

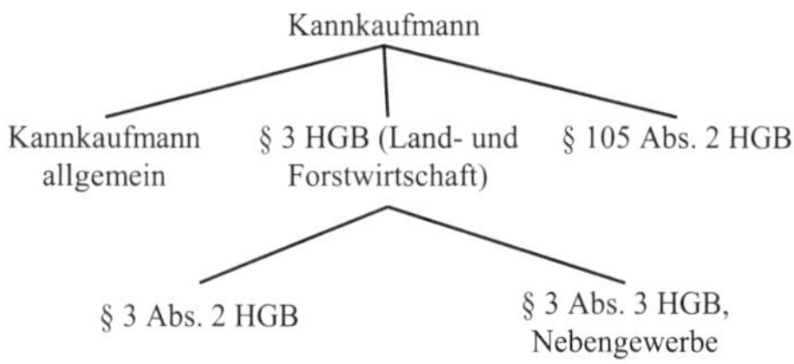

Konstitutiv ist die Eintragung im Handelsregister in den Fällen, in denen keine Kaufmannseigenschaft nach § 1 HGB vorliegt („Kannkaufmann“). Das ist zum einen der Fall bei „Kaufleuten“, die das Erfordernis des § 1 Abs. 2 HGB nicht erfüllen („es sei denn …“; „*Kleingewerbetreibende*“). Manche Vorschriften sind allerdings auch auf Kleingewerbetreibende anwendbar, so nach §§ 84 Abs. 4, 93 Abs. 3, 383 Abs. 2 HGB. Konstitutiv ist die Eintragung auch für eine *OHG nach § 105 Abs. 2 HGB*. Kraft Gesetzes sind *Betriebe der Land- und Forstwirtschaft* keine Kaufleute, § 3 Abs. 1 HGB. In allen drei Fällen ist es dem Unternehmer freigestellt, ob er sein Unternehmen zum Handelsregister anmeldet. Mit der Eintragung entsteht ein kaufmännisches Unternehmen, § 2, § 105 Abs. 2, § 3 Abs. 2 i.V.m. § 2 HGB. Die Vorschriften für Land- und Forstwirte sind nach § 3 Abs. 3 HGB entsprechend auf nebenberufliche land- und forstwirtschaftliche Unternehmen anwendbar.

4. Der Kaufmann nach § 5 HGB und der Scheinkaufmann

a) § 5 HGB

Während Kaufleute nach §§ 1, 2 (sowie nach §§ 3 und 105 **28**
Abs. 2) und nach § 6 HGB Kaufleute *sind*, wird die Kaufmannseigenschaft nach § 5 HGB nur fingiert. Seit der Gesetzesreform von 1998 hat die Vorschrift kaum noch praktische Bedeutung. Von den drei Voraussetzungen (Gewerbe, Betreiben, Erfordernis kaufmännischer Einrichtung) fehlt in diesem Fall nur die dritte, d. h. § 5 HGB greift nur ein, wenn jedenfalls ein „Gewerbe" „betrieben" wird. Es muss also eine Firma im Handelsregister eingetragen sein und es muss ein Gewerbe betrieben werden. Wegen des im Zivilprozess geltenden Verhandlungsgrundsatzes wird die Eintragung im Handelsregister nicht von Amts wegen geprüft.

Fall 5: Das Unternehmen des U ist auf dem Stand eines Kleingewerbes herabgesunken.

a) U hat von V fehlerhafte Ware gekauft; er unterlässt eine rechtzeitige Rüge. Gilt die Ware nach § 377 Abs. 2 HGB als genehmigt?

b) U führt seine Bücher nicht nach den Grundsätzen ordnungsgemäßer Buchführung, §§ 238 ff. HGB. Hat er sich nach §§ 283 ff. StGB strafbar gemacht?

c) U verkauft Waren an K, der die Mangelhaftigkeit der Ware zu spät rügt. Kann sich U gegenüber K auf § 377 Abs. 2 HGB berufen?

Lösung: a) Zugunsten des V gilt U weiterhin als Kaufmann. Es kommt nicht darauf an, ob V die wahre Sach- und Rechtslage kennt.

b) § 5 HGB gilt nur im rechtsgeschäftlichen Verkehr, nicht hinsichtlich öffentlich-rechtlicher Pflichten oder im Strafrecht.

c) U kann sich auf die Verspätung berufen. § 5 HGB wirkt nicht nur zugunsten Dritter, sondern auch zugunsten des Eingetragenen.

29 Was folgt aus § 5 HGB für Ihre Falllösung, beispielsweise wenn eine im Sachverhalt genannte Person zwar im Handelsregister eingetragen ist, die Kaufmannseigenschaft nach § 1 HGB aber fehlt oder zweifelhaft ist? § 5 HGB will diese Prüfung gerade ersparen (sofern ein Gewerbe betrieben wird). Sie können daher sofort die Kaufmannseigenschaft nach § 5 HGB bejahen.

30 Möglich ist aber auch, zunächst zu prüfen, ob der Betreffende nach § 1 HGB Kaufmann ist, sodass – wenn das zu bejahen ist – auf § 5 HGB nicht eingegangen zu werden braucht. In der Praxis wäre dieses Vorgehen überflüssig, aber manche Prüfer mögen es bevorzugen.

b) Der Scheinkaufmann nach Gewohnheitsrecht

31 Ein nicht eingetragener Kleingewerbetreibender, der den Anschein erweckt, Kaufmann zu sein, unterliegt zwar nicht nach § 5 HGB kaufmännischen Vorschriften, wohl aber nach den gewohnheitsrechtlich anerkannten Grundsätzen über den Scheinkaufmann.

32 Voraussetzung ist, dass der Unternehmer einem Dritten gegenüber wie ein Kaufmann auftritt. Der Dritte muss im Hinblick auf die Kaufmannseigenschaft gutgläubig sein (anders als im Falle des § 5 HGB). Im Hinblick auf diese Fehlvorstellung muss der Dritte rechtsgeschäftliche Dispositionen getroffen haben (anders als im Falle des § 5 HGB: dort ist keine Kausalität erforderlich).

33 Der Dritte kann in diesem Fall wählen, ob er sich auf die tatsächliche oder auf die vermeintliche Rechtslage beruft.

Der Scheinkaufmann kann sich nicht zu seinen Gunsten auf **34**
die Kaufmannseigenschaft berufen. Streitig ist, ob auch für ihn die zwingenden Vorschriften gelten, die zum Schutze von Nichtkaufleuten gelten, wie § 766 BGB statt § 350 HGB.

Fall 6: K war zunächst Komplementär einer KG. Später wurde seine Rechtsstellung in die eines Kommanditisten umgewandelt; das wurde auch im Handelsregister eingetragen und bekannt gemacht.

a) Kann der Gläubiger G der KG, der K weiterhin für einen Komplementär hält, für ein nach Eintragung und Bekanntmachung mit der KG abgeschlossenes Geschäft K nach §§ 128, 161 Abs. 2 HGB in Anspruch nehmen?

b) Gegenüber D tritt K weiterhin wie ein Komplementär auf. Kann sich K, der von D nach kaufmännischen Vorschriften in Anspruch genommen wird, auf § 15 Abs. 2 HGB berufen?

Lösung: a) Nach Eintragung und Bekanntmachung der umgewandelten Rechtsstellung kann sich K, wenn er die Einlage eingezahlt hat (§ 171 Abs. 1 HGB), gem. § 15 Abs. 2 HGB darauf berufen, dass er G nicht haftet.

b) Die Vorschrift ist nach ihrem Wortlaut erfüllt. Aber K verhält sich rechtsmissbräuchlich, wenn er sich einerseits wie ein Kaufmann aufführt und andererseits auf den inzwischen eingetretenen Verlust der Kaufmannseigenschaft beruft.

Wenn in der Klausur die Kaufmannseigenschaft eines Betei- **35**
ligten zu prüfen ist, kommen nach alledem folgende Rechtsgrundlagen in Betracht:

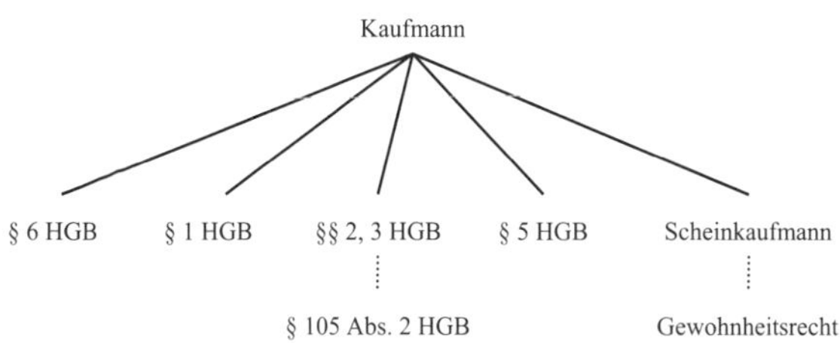

B. Das Handelsregister

I. Die Bedeutung des Handelsregisters

36 Das Handelsregister ist ein bei den Amtsgerichten geführtes öffentlich-rechtliches Register, das Auskunft über Tatsachen und Rechtslagen im Handelsrecht gibt. Es wird inzwischen elektronisch geführt, § 8 Abs. 1 HGB. Eine Eintragung wird wirksam, wenn sie in den einschlägigen Datenspeicher aufgenommen ist und auf Dauer wiedergegeben werden kann, § 8a Abs. 1 HGB. Die Einsichtnahme ist nach § 9 Abs. 1 S. 1 HGB jedem zu Informationszwecken gestattet. Die Einsicht kann beim Registergericht oder unter dem Portal www.handelsregister.de erfolgen. Neben der Publizitätsfunktion steht die Kontrollfunktion des Handelsregisters: Nach §§ 26, 374 FamFG hat das Gericht vom Amts wegen die erforderlichen Tatsachen zu ermitteln.

37 Außer dem Handelsregister gibt es inzwischen das vom Bundesjustizministerium geführte Unternehmensregister, § 8b HGB, das eine Reihe unterschiedlicher Register zusammenfasst. Die Führung wurde aufgrund des § 9a Abs. 1 HGB der Bundesanzeigerverlags-GmbH übertragen. Die Publizitätsvorschriften des § 15 HGB gelten für das Unternehmensregister nicht. Im Folgenden wird daher nur auf das Handelsregister Bezug genommen.

1. Eintragungspflichtige Tatsachen

38 Zu unterscheiden ist zwischen eintragungspflichtigen, eintragungsfähigen und nicht eintragungsfähigen Tatsachen.

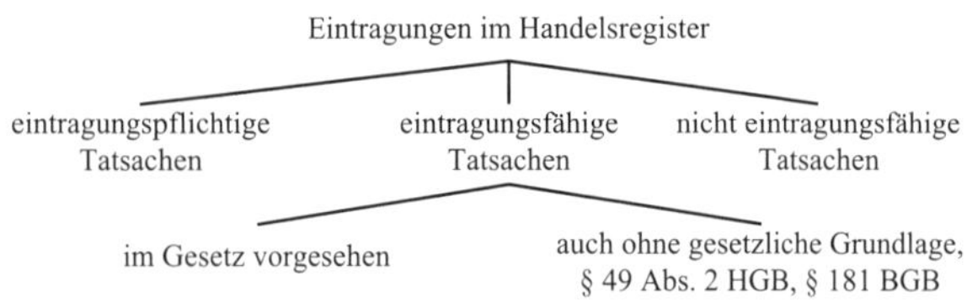

- Wann eine Eintragungspflicht besteht, lässt sich unmittelbar dem Gesetz entnehmen; z.B. nach §§ 29, 31, 106 HGB.
- Auch wann eine Eintragung zwar möglich ist, aber nicht vorgeschrieben ist, wie z.B. nach §§ 2, 3, 25 Abs. 2 HGB, ergibt sich dies aus dem Gesetz.
- Tatsachen, die weder in der einen noch in der anderen Hinsicht gesetzlich genannt werden, können nicht eingetragen werden, wie z.B. eine Handlungsvollmacht.
- Hiervon gibt es allerdings Ausnahmen, wie insbes. für die Befreiung von § 181 BGB für GmbH-Geschäftsführer.

2. Konstitutive Eintragungen

Des Weiteren wird unterschieden zwischen *konstitutiven und* 39
deklaratorischen Eintragungen. Genau genommen handelt es sich nicht um eine Eigenschaft der Tatsache, sondern es geht um die Voraussetzungen der jeweils anzuwendenden Rechtsnorm.

Fall 7: a) Kaufmann K erteilt dem P Prokura, meldet das aber nicht zum Handelsregister an. P schließt namens des K mit Verkäufer V einen Kaufvertrag. K ist mit dem Vertrag nicht einverstanden und fühlt sich nicht verpflichtet. Mit Recht?

b) Wie zuvor; die Prokura ist vor Abschluss des Kaufvertrages im Handelsregister eingetragen und bekannt gemacht worden.

Lösung: a) Nach §§ 49, 50 HGB ist P zu allen Arten von Rechtsgeschäften namens des K ermächtigt; inhaltliche Beschränkungen des Umfangs der Prokura gelten gegenüber Dritten nicht. Voraussetzung ist, dass K dem P Prokura erteilt hat. Das ist nach dem Sachverhalt der Fall. Die Anmeldung ist zwar eine eintragungspflichtige Tatsache, § 53 Abs. 1 S. 1 HGB. Aber sie ist nicht konstitutiv. Daher wird K gegenüber V verpflichtet, obwohl die Prokura nicht eingetragen ist. § 15 Abs. 1 HGB erfasst den Fall nicht.

b) In diesem Fall kann sich V zusätzlich auf die Eintragung und die Bekanntmachung berufen, § 15 Abs. 3 HGB: Wenn sogar der gute Glaube an die unrichtige Bekanntmachung geschützt ist, so ist erst recht die Berufung auf eine richtige Anmeldung und Bekanntmachung geschützt.

40 Grundsätzlich setzt die Eintragung eine Anmeldung voraus, so z.B. nach §§ 2, 3, 29, 31 HGB. Nach § 14 HGB kann das Registergericht bei Nichterfüllung dieser Pflicht ein Zwangsgeld verhängen. Die Anmeldung erfolgt elektronisch in öffentlich beglaubigter Form, § 12 HGB, § 129 BGB. Ausnahmsweise wird das Registergericht von Amts wegen tätig, so z.B. nach § 31 Abs. 2 und nach § 32 HGB.

41 Die Eintragung erfolgt in einer der beiden Abteilungen des Handelsregisters. In Abteilung A stehen Tatsachen über Einzelkaufleute sowie über OHG und KG, in Abteilung B über Kapitalgesellschaften und VVaG.

42 Die Bekanntmachung erfolgt in elektronischer Form (www.handelregisterbekanntmachungen.de), § 10 HGB.

II. Die Publizität des Handelsregisters

43 § 15 HGB regelt in seinen ersten drei Absätzen unterschiedliche Fallgestaltungen.

1. § 15 Abs. 1 HGB, negative Publizität

44 § 15 Abs. 1 HGB schützt das Vertrauen des Dritten auf den Fortbestand einer Rechtslage. *Solange* die Änderung nicht eingetragen ist, gilt noch das, was im Handelsregister – zu Unrecht – steht. Geschützt wird also das Vertrauen auf das Schweigen des Handelsregisters (bezüglich einer Veränderung).

Fall 8: a) Prokurist P kauft für den Kaufmann K bei V Waren ein, obwohl ihm die Prokura entzogen worden ist. Im Handelsregister ist die Entziehung nicht eingetragen. Muss K die Ware zahlen?

Lösung: Ja. Nach § 53 HGB muss die Entziehung der Prokura zum Handelsregister angemeldet werden. Solange das nicht geschehen ist, gilt P gegenüber V als Prokurist des K. Nach § 49 Abs. 1 HGB ist er zum Abschluss des Kaufvertrages mit Wirkung für K ermächtigt.

b) V weiß, dass K dem P die Prokura entzogen hat.

Lösung: V kann sich nicht auf die Eintragung berufen. P handelt als Vertreter ohne Vertretungsmacht, §§ 177, 179 BGB.

§ 15 Abs. 1 HGB setzt eine eintragungspflichtige Tatsache **45**
voraus. In diesem Zusammenhang stellt sich das Problem der *sekundären Unrichtigkeit des Handelsregisters*.

Fall 9: a) Kaufmann K bestellt im Januar P zum Prokuristen und widerruft die Bestellung im Juni. Weder die Bestellung noch der Widerruf werden im Handelsregister eingetragen. Im Juli kauft P namens des K bei V ein. V macht gegenüber K den Zahlungsanspruch geltend. P habe als Prokurist des K gehandelt. Da der Widerruf der Prokura nicht eingetragen sei, gelte § 15 Abs. 1 HGB.

b) Wie ist es, wenn die Entziehung der Prokura zwar im Handelsregister eingetragen ist, aber nicht bekannt gemacht wurde?

Lösung: a) Nach seinem Wortlaut ist § 15 Abs. 1 HGB einschlägig. Zweifel ergeben sich aber daraus, dass schon die Bestellung zum Prokuristen nicht eingetragen war. Manche Autoren lehnen deshalb bei fehlender Voreintragung die Anwendung des § 15 Abs. 1 HGB ab. Anders die h.M.: V könnte auch außerhalb des Handelsregisters von der Prokuraerteilung erfahren haben und kann sich auf § 15 Abs. 1 HGB berufen.

b) K kann dem Dritten die Tatsache erst dann entgegenhalten, wenn sie auch bekannt gemacht wurde.

Schließlich ist Voraussetzung, dass der Dritte die wahre **46**
Rechtslage nicht gekannt hat.

47 § 15 Abs. 1 HGB betrifft nur Tatsachen im rechtsgeschäftlichen Verkehr, nicht aber solche im reinen Unrechtsverkehr.

48 Rechtsfolge des § 15 Abs. 1 HGB ist ein Wahlrecht des Dritten. Er kann sich entweder auf die wahre Rechtslage oder auf die sich nach § 15 Abs. 1 HGB ergebende Rechtslage berufen.

49 Kann sich der Dritte nach der „*Rosinentheorie*" bei ein und demselben Fall teils auf die wahre Rechtslage, teils auf den Rechtsschein berufen?

> **Fall 10:** Die B KG besteht aus den beiden persönlich haftenden Gesellschaftern A und B und aus dem Kommanditisten C. A und B haben gemeinschaftliche Vertretungsmacht. A scheidet aus der KG aus; das wird aber nicht eingetragen. B kauft nunmehr in Namen der KG Waren bei D. Weder B noch die KG haben genug Geld. D verlangt daher von A Bezahlung. Dass A aus der KG ausgeschieden ist, brauche er sich nicht entgegenhalten zu lassen, da es nicht eingetragen und bekannt gemacht worden sei.
>
> **Lösung:** Insofern beruft sich D auf § 15 Abs. 1 HGB. Allerdings darf B, wenn man dem Handelsregister folgt, die KG nur gemeinsam mit A vertreten. Insofern beruft sich D darauf, dass A inzwischen aus der KG ausgeschieden sei und B nunmehr alleinige Vertretungsmacht habe.
>
> Manche Autoren meinen, D könne sich entweder auf den Rechtsschein oder auf die wahre Lage berufen, aber nicht beides heranziehen; in diesem Fall ist die KG durch B allein nicht wirksam vertreten worden.
>
> Mit dem BGH und der h.M. im Schrifttum ist D Recht zu geben: D kann für jede Tatsache des Sachverhalts entscheiden, worauf er sich beruft.

2. § 15 Abs. 2 HGB, positive Publizität

50 Wenn eine Tatsache richtig eingetragen und bekannt gemacht wird, muss sie ein Dritter gegen sich gelten lassen. Seine Wirkung entfaltet § 15 Abs. 2 HGB bei einer Änderung der

Rechtslage. Rechtsfolge ist, dass derjenige, dessen Angelegenheiten einzutragen waren, dem Dritten gegenüber diese Tatsache geltend machen kann.

Fall 11: Kaufmann K hatte vor, seinem Angestellten P Prokura zu erteilen. Nachdem dieser aber einen groben Schnitzer gemacht hat, sieht K davon ab. Allerdings hat er die Prokura schon zum Handelsregister angemeldet; die Erteilung wird eingetragen und bekannt gemacht. Nunmehr schließt P mit V einen Kaufvertrag namens des K, wobei er seine Vertretungsmacht überschreitet. V, den der Vertragsschluss reut, hält den Kaufvertrag mangels Vertretungsmacht für unwirksam; K, für den der Vertragsschluss äußerst günstig ist, beruft sich auf § 15 Abs. 2 HGB. Mit Recht?

Lösung: Nein, die Vorschrift greift nur ein, wenn eine richtige Tatsache eingetragen und bekannt gemacht wird. Da hier keine Prokura erteilt wurde, greift § 15 Abs. 2 HGB nicht ein.

Fall 12: Prokurist P kauft für den Kaufmann K bei V Waren ein, obwohl ihm die Prokura entzogen wurde. Die Entziehung der Prokura wird richtig eingetragen und bekannt gemacht. Eine Woche nach der Bekanntmachung schließt P mit V, der von der Entziehung der Prokura nichts erfahren hat, den Kaufvertrag.

Lösung: Nach § 15 Abs. 2 S. 2 HGB braucht der gutgläubige Dritte innererhalb einer Übergangsfrist von zwei Wochen die neue, richtig eingetragene Rechtslage nicht gegen sich gelten zu lassen, wenn er von ihr nichts weiß. V kann sich auf einen wirksamen Vertragsschluss mit K berufen.

Nach Ablauf der Frist des § 15 Abs. 2 S. 2 HGB kann § 15 **51**
Abs. 2 S. 1 HGB in manchen Fällen durch allgemeine Rechtsscheinstatbestände verdrängt werden.

3. § 15 Abs. 3 HGB, positive Publizität

52 § 15 Abs. 3 HGB erfasst nur den Fall der unrichtigen *Bekanntmachung*. War die Eintragung unrichtig und wird nichts bekannt gemacht, greift die Vorschrift nicht ein.

Anzuwenden ist die Vorschrift in folgenden Fällen:
- Die Bekanntmachung weicht von der – richtigen – Eintragung ab.
- Es wird eine Tatsache bekannt gemacht, die so nicht eingetragen war.
- Eintragung und Bekanntmachung sind falsch, und zwar in gleicher Weise.
- Eintragung und Bekanntmachung sind beide falsch, aber in unterschiedlicher Weise.

53 Nach dem Wortlaut der Norm greift die Schutzwirkung zugunsten des Rechtsverkehrs stets ein, wenn die eingetragene Tatsache unrichtig ist. Dies wird von der h.M. jedoch dahingehend eingeschränkt, dass § 15 Abs. 3 HGB nur dann eingreift, wenn die unrichtige Bekanntmachung durch denjenigen, in dessen Angelegenheit die Tatsache eingetragen ist, irgendwie veranlasst worden ist. So reicht z.B. ein völlig eigenmächtiges Handeln des Registergerichts nicht aus, um die Anwendung des § 15 Abs. 3 HGB zu rechtfertigen.

54 Rechtsfolge ist auch im Falle des § 15 Abs. 3 HGB ein Wahlrecht des Dritten.

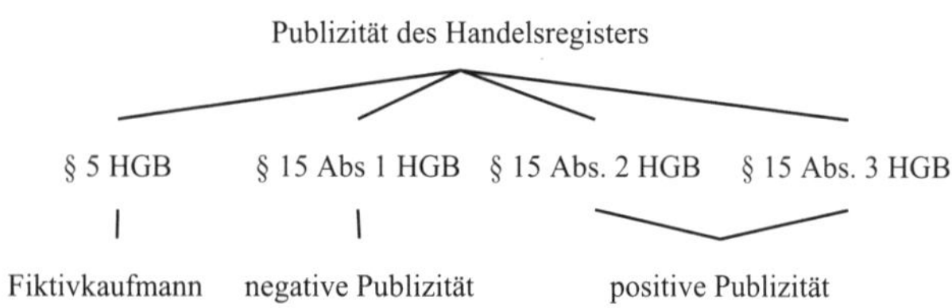

Fall 13: Im Fall 11 sei die Interessenlage umgekehrt: V möchte am Kaufvertrag festhalten, K nicht.

Lösung: Nach § 15 Abs. 3 HGB kann sich V zu seinen Gunsten darauf berufen, dass die Erteilung der Prokura – als eintragungspflichtige Tatsache, § 53 HGB, – im Handelsregister eingetragen und bekannt gemacht wurde, obwohl dem P keine Prokura erteilt wurde.

C. Die Firma

I. Das Firmenrecht der Kaufleute

1. Die Bildung der Firma

Nur Kaufleute führen eine Firma, § 17 Abs. 1 HGB. Das ist **55**
der Name des Handelsgeschäfts. Es besteht weitgehende Gestaltungsfreiheit. Geschützt wird allerdings nach § 19 Abs. 1 HGB die Angabe der Rechtsform. Im Einzelnen sind möglich:

– Personalfirma (Beispiel: Werner Schulte)
– Sachfirma (Beispiel: Bayerische Motorenwerke)
– Phantasiefirma (Beispiel: happy hour)
– Mischform (Beispiel: Werner Schulte, Bauunternehmung).

Neben der Firma darf der Kaufmann eine Geschäftsbezeich- **56**
nung führen. Z.B. kann die Kölner Hotel GmbH ein „Domhotel" und ein Unternehmen „Hotel Rheinblick" führen.

Die Firma muss zur Kennzeichnung des Kaufmanns geeignet **57**
sein, § 18 Abs. 1 HGB. Das ist für Bildzeichen zu verneinen, aber für Buchstabenfolgen (ABC-GmbH) und Zahlen (4812-GmbH) zu bejahen.

Nach § 18 Abs. 2 HGB muss die Firma zudem dem Grund- **58**
satz der *Firmenwahrheit* entsprechen.

59 Unzulässig sind daher Täuschungen über

- die Art des Geschäfts
  Beispiel: Bio-Anbau bei normalem Anbau
- Umfang oder Größe des Geschäfts
  Beispiel: Schuhfabrik bei einem Schuhmacherbetrieb
- geographische Hinweise
  Beispiel: Alpen-Molkerei für eine Molkerei mit Sitz in Frankfurt.

60 Schließlich muss die Rechtsform angegeben sein, also

- § 19 Abs. 1 Nr. 1 HGB: eingetragener Kaufmann/eingetragene Kauffrau (oder e.K.)
- § 19 Abs. 1 Nr. 1 und 2 HGB: OHG, KG
- § 4 AktG: AG
- § 4 GmbHG: GmbH.

61 Haftet in einer OHG oder einer KG keine natürliche Person, wie bei der GmbH und Co. KG, so muss nach § 19 Abs. 2 HGB die Haftungsbeschränkung angegeben werden.

2. Das Prinzip der Firmenbeständigkeit

62 Wenn ein Unternehmen von einem anderen übernommen wird oder wenn die Gesellschafter wechseln, kann ein Interesse daran bestehen, die bisherige, den Kunden bekannte Firma beizubehalten. Das ist nach §§ 22, 24 HGB möglich.

Fall 14: Die eingetragene Kauffrau Gerlinde Stratmann heiratet Herrn Heimeran und nimmt dessen Namen an. Wie kann sie firmieren?

Lösung: Sie kann entweder die Firma „Gerlinde Stratmann e.K." fortführen oder auch auf „Gerlinde Heimeran e.K." überwechseln, § 23 HGB.

Fall 15: Hans Kanter kauft das Unternehmen des Günter Vahrenholz e.K. auf. Wie kann er firmieren, wenn Vahrenholz mit der Firmenfortführung einverstanden ist?

Lösung: – Hans Kanter oder
– Günter Vahrenholz oder
– Günter Vahrenholz Nachf.

Nach § 22 HGB ist für die Fortführung die Einwilligung des bisherigen Inhabers oder der Erben erforderlich. Ein Nachfolgervermerk ist nicht obligatorisch.

Fall 16: Aus der aus Abels, Bertram und Cäsar bestehenden OHG scheidet Bertram aus. Wie kann die OHG firmieren, wenn Bertram mit der Firmenfortführung einverstanden ist?

Lösung: Da Bertram der Firmenfortführung ausdrücklich zugestimmt hat, § 24 Abs. 2 HGB, kann die OHG nach § 24 Abs. 1 HGB firmieren:

– Abels und Cäsar oder

– Abels, Bertram und Cäsar.

3. Die Firmenunterscheidbarkeit

Nach § 30 HGB muss sich jede neue Firma am selben Ort **63**
von bestehenden eingetragenen Firmen deutlich unterscheiden.

Bei einem unzulässigen Firmengebrauch
- wird das Registergericht die neue Firma nicht eintragen,
- wird das Registergericht, wenn die neue irreführende Firma eingetragen ist, den Firmeninhaber durch Festsetzung eines Ordnungsgeldes zur Unterlassung des Firmengebrauchs anhalten, § 37 Abs. 1 HGB,
- kann der Konkurrent nach § 37 Abs. 2 HGB auf Unterlassung klagen.

4. Die Firmeneinheit

Es gilt der Grundsatz: Ein Unternehmen hat nur eine Firma. **64**
Wenn ein *Einzelkaufmann* mehrere Unternehmen unterhält, darf er (nach anderer Ansicht: muss er) mehrere Firmen führen.

Fall 17: Konrad Harweg führt seit Jahren ein Elektrogeschäft unter seinem Namen. Nunmehr erbt er (neben ihm gibt es noch andere Erben) noch das Schreinereiunternehmen

seines Schwiegervaters, der als „Peter Berger" firmiert hatte. Wie darf Herr Harweg firmieren?
Lösung: Weiterhin mit „Konrad Harweg" für sein Elektrogeschäft, mit „Peter Berger" oder mit „Peter Berger, Nachfolger" für die Schreinerei, wenn die Erben einwilligen, § 22 HGB.

Eine *Handelsgesellschaft* hat dagegen nur eine Firma. Davon abzugrenzen sind die Fälle:

- Firma der Zweigniederlassung.
- Firma der einzelnen Unternehmen innerhalb eines Konzerns.

5. Der Rechtsschutz im Firmenrecht

65 Im Rahmen des Firmenschutzes nach § 37 Abs. 2 HGB kommt es nur darauf an, dass eine unzulässige Firma geführt wird. Im Übrigen kann auch ein Nichtkaufmann klagen, und es kann auch gegen einen Nichtkaufmann geklagt werden.

Andere Anspruchsgrundlagen sind:

- § 12 BGB
- § 823 BGB
- § 1004 BGB.

Schließlich bestehen Rechtsbehelfe zum Firmenschutz nach

- dem UWG und
- dem Markengesetz.

II. Das Firmenrecht der Nichtkaufleute

66 Nichtkaufleute können grundsätzlich beliebige Bezeichnungen für ihr Unternehmen annehmen. Diese „Geschäftsbezeichnung" ist keine Firma im Rechtssinne. Der verbreitet angenommene Rechtssatz, eine solche Geschäftsbezeichnung dürfe

nicht firmenähnlich sein, da sonst der Rechtsverkehr über die Kaufmannseigenschaft getäuscht werde, ist abzulehnen. Allerdings gilt der Grundsatz der Firmenwahrheit nach § 18 Abs. 2 HGB für Nichtkaufleute analog. Die §§ 22, 24 HGB gelten in diesem Fall nur, wenn ein Nachfolgezusatz angebracht wird.

D. Das Unternehmen

Im Handelsrecht spielt nicht nur der Kaufmann als Adressat **67** handelsrechtlicher Normen eine Rolle, sondern auch das Unternehmen als das Substrat, dessen sich der Kaufmann bedient. Das HGB spricht insoweit vom „Handelsgeschäft", § 22 HGB. Das Unternehmen ist eine wirtschaftliche Einheit als Inbegriff von Vermögensgegenständen zum Auftreten am Markt.

Vom Unternehmen ist der Unternehmensträger zu unterschei- **68** den. Das kann ebenso gut ein Einzelkaufmann sein wie eine OHG oder eine GmbH. Wegen der „Relativität der Rechtsbegriffe" gilt für Handelsrecht, Arbeitsrecht, Konzernrecht oder Kartellrecht jeweils ein eigener Unternehmensbegriff.

Handelsrechtlich steht, neben dem Firmenrecht (s.o. **69** Rn. 55 ff.), der Erwerb eines Handelsgeschäftes unter Lebenden oder von Todes wegen im Vordergrund.

I. Der Erwerb eines Unternehmens

Wie auch sonst bezüglich des Erwerbs von Vermögensge- **70** genständen, müssen Sie zwischen dem Verpflichtungsgeschäft und dem Verfügungsgeschäft unterscheiden.

1. Das Verpflichtungsgeschäft

a) Der Erwerbsvorgang

Zugrunde liegendes Rechtsgeschäft ist typischerweise ein **71** Kaufvertrag. Der Erwerb des Unternehmens kann sich entweder in der Weise vollziehen, dass der Erwerber das gesamte Unternehmen kauft („asset deal"), oder in der Weise, dass er Beteiligungen am Unternehmensträger, wie z.B. Geschäftsanteile einer GmbH, kauft.

72 Wenn zum Vermögen des Unternehmens ein Grundstück gehört, so bedarf der gesamte Kaufvertrag der Form des § 311b Abs. 1 S. 1 BGB.

b) Gewährleistungsrecht

aa) Unternehmenskauf, asset deal

73 Der Verkäufer muss dem Käufer nach § 433 Abs. 1 S.2 BGB die Sache frei von Mängeln verschaffen. Über § 453 Abs. 1 BGB gilt die Vorschrift entsprechend für die Mangelfreiheit von Unternehmen. Insoweit muss unterschieden werden zwischen Mängeln des Gesamtunternehmens und Mängeln einzelner Vermögensgegenstände. Mängel des Unternehmens können z.B. betreffen:

an Sachmängeln

– Betriebsgrundstück
– Einrichtungen
– Fehlen öffentlich-rechtlicher Genehmigungen
– den bisherigen Umsatz,

an Rechtsmängeln

– fremde Patente, gegen die der Inhaber verstoßen würde.

74 Es ist streitig, ob die §§ 434 ff. BGB anzuwenden sind oder die Regeln über die culpa in contrahendo (c.i.c.), § 311 Abs. 2 BGB. Mit der h.M. ist die Anwendung der c.i.c. abzulehnen; anderenfalls haftet der Verkäufer nicht für unerkannte Mängel, und er haftet auch nur für das negative Interesse.

bb) Anteilskauf, share deal

75 Wird ein Unternehmen durch den Kauf von Anteilen erworben, handelt es sich um einen Rechtskauf. § 434 BGB gilt entsprechend.

2. Das Verfügungsgeschäft

Aufgrund des sachenrechtlichen Bestimmtheitsgrundsatzes kann das Unternehmen nicht als Ganzes veräußert werden, sondern die Veräußerung bezieht sich auf die einzelnen Vermögensgegenstände, wie Grundstücke, bewegliche Sachen, Forderungen, die jeweils nach eigenen Grundsätzen übertragen werden müssen. **76**

Besondere Vorschriften gelten für den Erwerb von Geschäftsanteilen, wie beispielsweise für Geschäftsanteile einer GmbH, §§ 398 ff. BGB, § 413 BGB, § 15 GmbHG. **77**

II. Der Inhaberwechsel

1. Inhaberwechsel unter Lebenden

Hat auf die genannte Weise jemand das Unternehmen eines anderen erworben, so stellt sich die Frage, was mit den im Unternehmen entstandenen Verpflichtungen und Forderungen geschieht. **78**

a) Der frühere Inhaber

Der frühere Inhaber wird aus seinen Verpflichtungen grundsätzlich nicht entlassen. Seine Haftung tritt neben die des Erwerbers. Allerdings ist die Haftung dann zeitlich beschränkt, wenn neben ihm auch der Erwerber haftet (Nachhaftungsbegrenzung): Der frühere Inhaber haftet dann nur, soweit die Ansprüche innerhalb von fünf Jahren nach Begründung der Haftung des Erwerbers fällig werden, § 26 HGB. **79**

b) Der Erwerber

Bezüglich des Erwerbers unterscheidet § 25 HGB zwei Fälle, den Erwerb des Unternehmens mit oder ohne Firmenfortführung. **80**

aa) Firmenfortführung

(1) Im Falle der Fortführung der Firma (beachten Sie den Unterschied zwischen „Unternehmen“ und „Firma“!) *haftet der* **81**

Erwerber grundsätzlich ebenfalls für die Altschulden. Der Haftungsgrund ist bis heute umstritten; man könnte vom guten Glauben eines Gläubigers an eine falsche Rechtsansicht sprechen.

82 Tatbestandliche Voraussetzung ist der Erwerb eines Handelsgeschäfts (hier wie auch sonst im HGB ist die Bezeichnung als „Handels"geschäft irreführend; gemeint ist ein kaufmännisches Unternehmen). Dies muss der Andere „erworben" haben. Ob das zugrunde liegende Rechtsgeschäft wirksam ist, ist allerdings unerheblich (str.). Der Erwerb muss unter Lebenden stattgefunden haben (zum Erwerb von Todes wegen s. unten Rn. 93 ff.); und schließlich muss die Firma fortgeführt werden.

Fall 18: K erwirbt das Unternehmen des eingetragenen Kaufmanns V („V Kraftfahrzeughandel") und führt es als „V Motorräder GmbH" fort. Haftet K den Gläubigern des V?

Lösung: Nein, bei einer Änderung der Firma greift § 25 HGB nicht ein.

83 Rechtsfolge des § 25 HGB ist die Haftung, aber nur für im Betrieb begründete Verbindlichkeiten des Veräußerers. Allerdings können Veräußerer und Erwerber gemeinschaftlich diese Haftung ausschließen, indem sie eine dahin gehende Vereinbarung schließen. Sie können diese entweder zum Handelsregister anmelden. Sie gilt dann gegenüber allen Gläubigern; oder sie können sie einzelnen Gläubigern mitteilen, und dann gilt sie nur diesen gegenüber.

Fall 19: K erwirbt vom Insolvenzverwalter das Unternehmen des V, das er unter dem Namen „V, Nachfolger K" fortführt. Haftet er einem Gläubiger des V?

Lösung: Im Wege der teleologischen Reduktion des § 25 HGB ist der Erwerb aus der Insolvenzmasse als Erwerbstatbestand auszuscheiden. Andernfalls würden Altgläubiger unverhältnismäßig bevorzugt.

(2) Ist der Tatbestand des § 25 Abs. 1 S. 1 HGB erfüllt, so liegt ein gesetzlicher Schuldbeitritt vor. D.h. sowohl Veräußerer als auch Erwerber können von Gläubigern in Anspruch genommen werden. Missverständlich ist der Wortlaut des § 25 Abs. 1 S. 2 HGB, der den Erwerber zu schützen scheint. Aufgrund des Zwecks der Vorschrift und der systematischen Auslegung zu Satz 1 ergibt sich jedoch, dass die Vorschrift den Schuldner schützen soll, indem auch Leistungen an Veräußer oder Erwerber befreiend wirken. Voraussetzung ist allerdings, dass der bisherige Inhaber oder seine Erben in die Firmenfortführung eingewilligt haben. Ob der Erwerber auch im Innenverhältnis gegenüber dem früheren Inhaber die Forderungen behalten darf, richtet sich nach seinen Vereinbarungen mit diesem. **84**

Fall 20: Erwerber E eines Unternehmens macht gegenüber einem Schuldner S des Veräußerers V eine Forderung geltend. S weigert sich zu zahlen. Mit Recht?

Lösung: Nein, wenn E die Forderung von V erworben hat, steht ihm ein Forderungsrecht zu. Nur im Fall des Nichterwerbs spielt § 25 Abs. 1 S. 2 HGB eine Rolle zum Schutz des Schuldners, damit er nicht an den Erwerber geleistet hat, obwohl dieser nicht Inhaber der Forderung war. Insoweit besteht ein Wahlrecht des Schuldners, ob er an den berechtigten Veräußerer oder an den nicht berechtigten Erwerber leistet. § 25 Abs. 1 S. 2 HGB verfolgt den Zweck des Schuldnerschutzes, indem er die Vermutung aufstellt, dass der Erwerber die Forderungen erworben hat.

Hinweis: Gewollt war ein dem §§ 407, 412 BGB ähnlicher Schutz des Schuldners.

Durch Vereinbarung und Bekanntmachung können früherer Inhaber und Erwerber den Forderungsübergang ausschließen, § 25 Abs. 2 HGB. **85**

bb) Fortführung des Unternehmens ohne Firmenfortführung

86 Führt der Erwerber die Firma nicht fort, so kann er aus befreiender Schuldübernahme (§§ 414 f. BGB) oder aus Schuldbeitritt (§ 311 Abs. 1 BGB) haften. Daneben kommt eine Haftung nach § 25 HGB bei handelsüblicher Bekanntmachung in Betracht, § 25 Abs. 3 HGB.

87 Soweit es sich um Arbeitsverhältnisse handelt, findet ein Übergang unabhängig von der Firmenfortführung nach § 613a BGB statt. Anders als nach den handelsrechtlichen Vorschriften genügt bereits der Übergang eines Betriebsteils, also beispielsweise schon einer Betriebsabteilung des Unternehmens.

2. Eintritt in das Unternehmen eines Einzelkaufmanns

88 Tritt jemand in das Unternehmen eines Einzelkaufmanns ein, so entsteht eine OHG.

a) Haftung für Verbindlichkeiten

89 Der bisherige Inhaber haftet weiterhin persönlich. Wird seine Rechtsstellung in die eines Kommanditisten umgewandelt, tritt eine Begrenzung der Nachhaftung nach § 28 Abs. 3 HGB ein.

90 Der neue Gesellschafter haftet nach § 128 HGB für die bisherigen Schulden des Einzelkaufmanns mit. Tatbestandliche Voraussetzung ist, dass der bisherige Inhaber Kaufmann ist und dass die Parteien einen Gesellschaftsvertrag geschlossen haben.

91 Anders als im Falle des § 25 HGB kommt es auf die Fortführung der Firma nicht an. Ähnlich wie nach § 25 Abs. 2 HGB kann die Haftung nach § 28 Abs. 2 HGB ausgeschlossen werden.

b) Forderungen

92 Forderungen des Einzelkaufmanns gelten als auf die Gesellschaft übergegangen, § 28 Abs. 1 S. 2 HGB.

3. Erwerb von Todes wegen

93 Für den Erwerb eines Unternehmens von Todes wegen sieht § 27 HGB besondere Regelungen vor. Im Kern geht es darum,

dass eine Haftungsbeschränkung, die nach dem Erbrecht des BGB möglich wäre, im Hinblick auf den Erben eines Unternehmens ausgeschlossen ist.

a) Zivilrechtliche Erbenhaftung

Nach §§ 1922, 1967 BGB tritt der Erbe in die Rechte und Pflichten des Erblassers ein. Will er eine Haftung für Verbindlichkeiten des Erblassers vermeiden, so kann er die Erbschaft insgesamt ausschlagen. 94

Daneben gibt es aber auch die Möglichkeiten einer Haftungsbeschränkung auf folgende Weise:

- Anordnung der Nachlassverwaltung, §§ 1975 ff. BGB
- Eröffnung des Nachlassinsolvenzverfahrens, §§ 1975 ff. BGB
- Berufung auf die Einrede der Dürftigkeit des Nachlasses, §§ 1989 f. BGB.

b) Erbenhaftung nach Handelsrecht

Auch ein Handelsgeschäft geht nach § 1922 BGB auf die Erben über. Auch in diesem Fall kann der Erbe die Erbschaft insgesamt ausschlagen. Er wird dann nicht Inhaber des Unternehmens und haftet nicht für die Verbindlichkeiten. 95

Die oben aufgezeigten Möglichkeiten einer Haftungsbeschränkung gibt es allerdings in diesem Falle nicht (str. nach h.M. ist allerdings § 25 HGB analog anwendbar). Die einzige Möglichkeit besteht darin, innerhalb einer Frist von drei Monaten ab Kenntnis die Unternehmenstätigkeit einzustellen, § 27 Abs. 2 HGB. 96

Wenn der Erbe das Unternehmen fortführt, so ist umstritten, was aus einer Änderung der Firma folgt. Voraussetzung für die Haftungsbegrenzung nach dieser Vorschrift ist die Fortführung des Handelsgeschäfts. Insoweit ist umstritten, ob der Erwerber zusätzlich auch die Firma fortgeführt haben muss. Mit der h.M. ist 97 in der Verweisung in § 27 HGB auf § 25 HGB eine Rechtsgrundverweisung zu sehen; d. h. wenn die Firma nicht fortgeführt wird, haftet der Erwerber nicht.

Fall 21: Erbe E veräußert das Unternehmen des A zwei Monate nach Kenntnis vom Erbfall zusammen mit der Firma an den Übernehmer U. Haftet er einem Schuldner des A?

Lösung: Nein, wegen des Verkaufs an U liegt im entscheidenden Moment keine Fortführung des Unternehmens mehr vor (anders ein Teil der Literatur, der eine Zerschlagung fordert).

E. Prokura und Handlungsvollmacht

98 Der Kaufmann kann sich anderer Personen zu seiner Vertretung bedienen. Die rechtlichen Voraussetzungen richten sich grundsätzlich nach den §§ 164 ff. BGB. Diese Vorschriften werden von einigen handelsrechtlichen Vorschriften überlagert.

I. Abgrenzung zum gesetzlichen Vertreter

99 Die Handelsgesellschaften handeln durch ihre gesetzlichen Vertreter. Insofern müssen Sie zwischen der gesetzlichen Vertretungsmacht nach den Sondervorschriften des Gesellschaftsrechts (z.B. § 125 HGB) und der rechtsgeschäftlichen Vertretungsmacht nach Handelsrecht (Vollmacht, §§ 49, 54, 56 HGB) unterscheiden.

II. Rechtsgeschäftliche Vertretung

1. Allgemeines

100 Das HGB nennt drei besondere Typen der rechtsgeschäftlichen Vertretung, nämlich Prokura, Handlungsvollmacht und die Handlungsvollmacht von Ladenangestellten. Daneben können beliebig andere Bevollmächtigungen erteilt werden.

Nicht eigens geregelt ist die *Generalvollmacht*. Sie kann daher von den Vorschriften über die Handlungsvollmacht erfasst werden, als eine Unterart. Sie ist für alle Rechtsformen von Handelsgesellschaften zulässig (str. für die GmbH). Im Übrigen sind Ketten von Vertretungen möglich. **101**

Nach § 164 BGB muss der Vertreter
– eine eigene Erklärung
– im Namen des Vertretenen
– im Rahmen seiner Vertretungsmacht
abgeben.

Bezüglich des zweiten und des dritten Merkmals gibt es im Handelsrecht Besonderheiten. So kann der Vertreter ausdrücklich darauf hinweisen, dass er im Namen des Kaufmanns oder der Handelsgesellschaft handelt (vgl. § 51 HGB zur Zeichnung des Prokuristen). Wie aber bereits § 164 Abs. 1 S. 2 BGB besagt, kann sich das Handeln im fremden Namen auch aus den Umständen ergeben. Das wird generell bei „unternehmensbezogenen Geschäften" bejaht. **102**

Die Vertretungsmacht beruht entweder auf Gesetz oder auf Rechtsgeschäft. Besonderheiten ergeben sich im Handelsrecht bezüglich des Umfangs der Vertretungsmacht. Er ist jeweils gesetzlich umschrieben. Dritte brauchen Beschränkungen im Innenverhältnis nicht gegen sich gelten zu lassen (s. z.B. § 50 HGB), während nach § 164 BGB der intern eingeschränkte Umfang der Vertretungsmacht und die Dritten gegenüber geltende Vertretungsmacht identisch sind. **103**

2. Prokura

a) Erteilung

Im Hinblick auf die Erteilung der Prokura muss zwischen dem zugrunde liegenden Rechtsgeschäft und der Vollmacht unterschieden werden. Typischerweise wird einem Angestellten in einer Führungsposition Prokura verliehen. Dann richtet sich **104** das Beschäftigungsverhältnis nach Arbeitsrecht, die Prokura nach Handelsrecht.

105 Die Prokura muss von einem Kaufmann erteilt werden, § 48 Abs. 1 HGB. Das geschieht regelmäßig durch Erklärung gegenüber dem Prokuristen. Eine konkludent erteilte Prokura gibt es nicht.

> **Fall 22:** Kaufmann K hat seinem Mitarbeiter M keine Prokura erteilt. M tritt aber dem D gegenüber wie ein Prokurist auf, was K weiß. Wird K aus den Geschäften des M mit D, der nichts vom Fehlen der Prokura weiß, verpflichtet?
>
> **Lösung:** Ja. Zwar gibt es keine Duldungsprokura als rechtsgeschäftliche Form. D ist aber nach Rechtsscheinsprinzipien so zu stellen, als hätte M Prokura.

106 Der Kaufmann muss die Willenserklärung persönlich abgeben. Die Eintragung der Prokura im Handelsregister ist zwar zwingend vorgeschrieben, § 53 Abs. 1 HGB; sie hat aber nur deklaratorische Wirkung.

> **Fall 23:** Das Unternehmen des U erfordert keinen in kaufmännischer Weise eingerichteten Geschäftsbetrieb. U erteilt P Prokura. Verpflichtet ein Geschäft, das P namens des U mit V abschließt, den U?
>
> **Lösung:** Da U kein Kaufmann ist, § 1 Abs. 2 HGB, konnte er P nicht wirksam Prokura erteilen. Die unwirksame Prokura kann aber in eine Handlungsvollmacht umgedeutet werden (§ 140 BGB); diese kann auch von Kleingewerbetreibenden erteilt werden, analog § 54 HGB. U wird daher verpflichtet.

b) Arten

107 Die Prokura kann gegenüber einer einzelnen Person erklärt werden oder gegenüber mehreren Personen (Gesamtprokura,

§ 48 Abs. 2 HGB). Eine Gesamtprokura ist auch als „unechte Gesamtprokura“ möglich: Der gesetzliche Vertreter einer Handelsgesellschaft darf in diesem Fall nur zusammen mit einem Prokuristen tätig werden. Auch die Gesamtprokura muss zum Handelsregister angemeldet werden, § 53 Abs. 1 S. 2 HGB.

Eine Aktivvertretung ist nur in der Weise möglich, dass alle **108**
Gesamtprokuristen gemeinsam handeln.

Für eine Passivvertretung, d. h. bei
- Entgegennahme von Willenserklärungen,
- Zurechnung von Willensmängeln (§ 166 Abs. 1 BGB),
- Zurechnung von Kenntnis (§ 166 Abs. 1 BGB),

genügt dagegen, dass die Voraussetzungen bei einem Vertreter vorliegen.

c) Umfang

Grundsätzlich ist der Prokurist zu allen Handlungen ermäch- **109**
tigt, die zum Betrieb des Handelsgeschäfts gehören, mit Ausnahme von Grundstücksgeschäften, § 49 Abs. 1 und 2 HGB.

Fall 24: Während eines längeren Auslandsaufenthalts des Kaufmanns K verlegt sein Prokurist P den Firmensitz in den Nachbarort und nimmt Einkäufe vor, die K nicht gewollt hätte. Hat P den K wirksam vertreten?

Lösung: Da der Betrieb eines Handelsgewerbes eine Verlegung des Firmensitzes mit sich bringen kann, sind die zugrunde liegenden Rechtsgeschäfte ebenso wirksam wie die Einkäufe entgegen den Vorstellungen des K (str. ob die Sitzverlegung eine „die rechtlichen Grundlagen des kaufmännischen Unternehmens betreffende Rechtshandlung“ ist).

Im Innenverhältnis kann die Prokura beschränkt werden, et- **110**
wa auf bestimmte Arten von Geschäften, § 50 Abs. 2 HGB. Allerdings haben derartige Beschränkungen keine Wirkung im Außenverhältnis, § 50 Abs. 1 HGB.

d) Missbrauch der Prokura

111 Besondere Probleme wirft der Missbrauch der Prokura auf: Ein Prokurist nimmt Rechtsgeschäfte vor, die er zwar im Außenverhältnis wirksam vornehmen konnte, nicht aber im Innenverhältnis vornehmen durfte. Rechtsfolge ist eine Anwendung der §§ 177 ff. BGB analog. Auf Seiten des Prokuristen verzichtet die h.M. auf die Voraussetzung, dass der Prokurist bewusst zum Nachteil des Geschäftsinhabers gehandelt hat; ein objektiver Schaden soll danach genügen. Auf Seiten des Dritten ist Voraussetzung, dass er die Benachteiligung kannte oder sie sich ihm jedenfalls aufdrängen musste (str., teilweise wird leichte Fahrlässigkeit für ausreichend gehalten).

e) Widerruf

112 Die Prokura ist jederzeit widerruflich, § 52 Abs. 1 HGB. Ebenso wie bei der Erteilung muss auch hierbei zwischen dem zugrunde liegenden Rechtsgeschäft und der Prokura unterschieden werden. Gehört beispielsweise die Innehabung der Prokura zum Inhalt des Arbeitsvertrages, so kann zwar die Prokura jederzeit auch ohne sachlichen Grund widerrufen werden. Arbeitsrechtlich ist aber nur entweder eine Kündigung des Arbeitsverhältnisses insgesamt möglich (mit der Folge, dass auch die Prokura erlischt, § 168 BGB) oder eine Änderungskündigung unter Fortbestand des Arbeitsverhältnisses, bezogen allein auf die Prokura, § 2 KSchG.

113 Die Prokura überdauert auch den Tod des Unternehmensinhabers.

3. Handlungsvollmacht

114 Der Inhaber des Unternehmens kann einem anderen auch die Leitung des Unternehmens anvertrauen, ohne ihm Prokura zu erteilen. Auch kann er jemand eine Vollmacht nur für eine bestimmte Art von Geschäften erteilen. Diese Vertretungsmacht, die Handlungsvollmacht, § 54 Abs. 1 HGB, hat keinen

gesetzlich umschriebenen Umfang wie die Prokura, sondern nur den Umfang, den ihr der Inhaber des Unternehmens gibt.

Allerdings unterliegt diese Vollmacht weitergehenden Beschränkungen des Umfangs als die Prokura, nämlich – sofern keine besondere Befugnis erteilt wurde – für
- Grundstücksgeschäfte
- Wechselgeschäfte
- Darlehensaufnahmen
- Prozessführung.

Im Übrigen braucht ein Dritter Beschränkungen nur gegen sich gelten zu lassen, wenn sie ihm bekannt sind oder bekannt sein müssen, § 54 Abs. 3 HGB. **115**

Die Vorschriften über die Handlungsvollmacht gelten auch für angestellte Handelsvertreter und Außendienstmitarbeiter, die zum Abschluss von Geschäften berechtigt sind, § 55 HGB. **116**

4. Die Vollmacht des Ladenangestellten

Ladenangestellte gelten als ermächtigt zum Verkauf, § 56 HGB. **117**

F. Das für das Unternehmen arbeitende Personal

Ein Kaufmann, der andere Personen im Dienste seines Unternehmens beschäftigten will, hat dafür grundsätzlich zwei Möglichkeiten; sie können als Arbeitnehmer beschäftigt werden oder als Selbständige. Das HGB grenzt die Bereiche nicht klar ab. **118**

I. Arbeitnehmer oder Selbständige

Dafür, eigene Arbeitnehmer in abhängiger Beschäftigung einzustellen, spricht, dass der Inhaber des Unternehmens ihnen (arbeitsrechtliche) Weisungen erteilen darf, §§ 6 Abs. 2, 106 GewO. In den Grenzen dessen, was der Arbeitsvertrag vorsieht **119** oder zulässt, können die Arbeitsbedingungen verändert werden, und die gesamte Tätigkeit unterliegt der Kontrolle des Inhabers. Auf der anderen Seite gelten für diese Personen alle Schutzvorschriften des Arbeitsrechts, wie Entgeltfortzahlung im Krankheitsfalle und Kündigungsschutz, ebenso wie Mitbestimmungsrechte des Betriebsrats.

120 Der Unternehmer kann aber auch unternehmerische Funktionen ausgliedern und selbständigen anderen Unternehmen übertragen. Welchen der beiden Wege der Kaufmann wählt, hängt von vielen organisatorischen und finanziellen Überlegungen ab.

121 Im Regelfall lässt sich ohne weiteres feststellen, ob der Dritte ein Angestellter des Unternehmers ist oder ein Selbständiger. Es gibt aber auch durchaus Zweifelsfälle. Das HGB spricht das Abgrenzungsproblem nur bei Handelsvertretern an; es gilt aber allgemein für Tätigkeiten im Dienste des Unternehmens. § 84 Abs. 1 HGB definiert den selbständigen Handelsvertreter, § 84 Abs. 2 HGB den angestellten Handelsvertreter.

§ 84 Abs. 1 S. 2 HGB stellt für die Abgrenzung auf zwei Kriterien ab:
– freie Gestaltung der Tätigkeit
– freie Bestimmung der Arbeitszeit.

122 Vergleicht man diese Legaldefinition des angestellten Handelsvertreters mit der vom BAG geschaffenen allgemeinen Arbeitnehmerdefinition, fallen Unterschiede ins Auge:

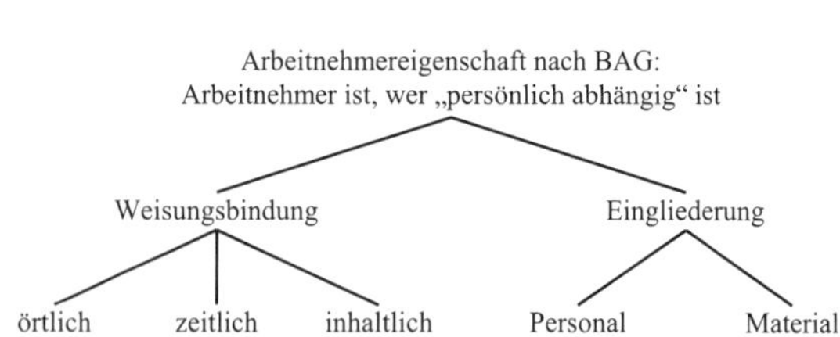

123 Allgemein stellen das BAG und die h.M. in der Literatur auf die *persönliche Abhängigkeit* und damit auf Weisungsbindung und Eingliederung des Beschäftigten ab. Die Weisungsbindung bezieht sich auf Inhalt, Ort und Zeit der Arbeit. Demgegenüber nennt § 84 Abs. 1 S. 2 HGB weder die freie Bestimmung des Ortes noch die Eingliederung. Das BAG versucht in Handelsvertreterfällen, seine allgemeine Definition in die – weniger geeignete – des § 84 Abs. 1 S. 2 HGB hineinzupressen.

Unabhängig davon sind weder die Legaldefinition des § 84 **124**
HGB (speziell zum Handelsvertreter) noch die der h.M. (allgemein zur Arbeitnehmernehmereigenschaft) methodisch überzeugend, da bei ihnen der – für jede juristische Definition erforderliche – Sinnzusammenhang zwischen Tatbestand und Rechtsfolge nur in begrenztem Maße vorliegt. Richtigerweise muss man danach abgrenzen, ob jemand im Hinblick auf *unternehmerische Entscheidungen und finanzielle Zurechnung* selbst entscheiden kann oder ob er von den Weisungen eines anderen abhängig ist. Ab dem 1.1.2017 soll der geplante § 611 a BGB als Legaldefinition des Arbeitnehmers dienen. Da der Gesetzgeber nur die Vorbemerkungen aus den neueren BAG-Urteilen abgeschrieben hat, gilt die in Rn. 122 dargestellte Rechtsprechung dann kraft Gesetzes. Unklar ist, ob danach – entgegen früheren klaren Aussagen – die Eingliederung als Merkmal entfallen oder in der Weisungsbindung aufgehen soll. Der gleichzeitige Bezug auf die allgemeine Definition und auf den davon verschiedenen § 84 HGB (s. Rn. 123) bedeutet einen inneren Widerspruch.

II. Selbständige im Dienste des Unternehmens

1. Überblick

Selbständige, die für einen Unternehmer tätig sind, können **125**
dies auf der Grundlage unterschiedlichster Rechtsverhältnisse; z.B. der Rechtsanwalt, der Steuerberater, der Unternehmensberater, der Handelsvertreter usw. Das HGB enthält dazu keine allgemeine Regelung, sondern greift bestimmte Tätigkeiten heraus, die allesamt auf den Vertrieb von Waren hinauslaufen.

Speziell geregelt werden im HGB
- Handelsvertreter, § 84 HGB
- Handelsmakler, § 93 HGB
- Kommissionär, § 383 HGB
- Frachtführer, § 407 HGB
- Spediteur, § 453 HGB
- Lagerhalter, § 467 HGB.

126 Leitbild ist dabei meist derjenige, der ständig für ein Unternehmen arbeitet (vgl. § 84 Abs. 1 S.1 HGB „ständig damit betraut"; § 93 Abs. 1 und § 383 Abs. 1 HGB „gewerbsmäßig"); anders beim Frachtführer (§ 407 HGB) und beim Spediteur (§ 453 HGB).

127 Teilweise finden sich Sondervorschriften für die Ausübung im Nebenberuf (§ 92b HGB, Handelsvertreter im Nebenberuf), in geringem Umfang (§ 104 HGB, Krämermakler) oder für die gelegentliche Ausübung (§ 406 Abs. 1 S. 2 HGB, Gelegenheitskommissionär).

2. Handelsvertreter

a) Abgrenzung zum Angestellten und Definition

128 Das HGB regelt nur das Recht des selbständigen Handelsvertreters nach § 84 Abs. 1 S. 2 HGB. Für den angestellten Handelsvertreter gelten nicht die §§ 84 ff. HGB, sondern es gilt das allgemeine Arbeitsrecht, ergänzt um die §§ 59 ff. HGB. So regeln sich beispielsweise die Kündigungsfristen für den selbständigen Handelsvertreter nach § 89 HGB, die für den angestellten Handelsvertreter nach § 622 BGB.

129 Das nachvertragliche Wettbewerbsverbot z.B. ist für kaufmännische Angestellte allgemein (und damit auch für angestellte Handelsvertreter) in § 74 HGB geregelt, für selbständige Handelsvertreter mit ähnlichem Inhalt in § 90a HGB.

Fall 25: Unternehmer U hat mit seinem Handelsvertreter H eine Klausel über ein nachvertragliches Wettbewerbsverbot vereinbart. Darin wird H verpflichtet, U zwei Jahre lang in dessen Geschäftsbereich keine Konkurrenz zu machen. Als Entschädigung wird ein Fünftel der bisherigen Einkünfte vereinbart. Ist H an die Abrede gebunden? Kommt es darauf an, ob H selbständiger Handelsvertreter oder Angestellter des U ist?

Lösung: Nach § 74 Abs. 2 HGB setzt das Wettbewerbsverbot für angestellte Handelsvertreter (s. § 59 HGB) voraus, dass die Karenzentschädigung mindestens die Hälfte des zuletzt bezogenen Entgelts beträgt. § 90a Abs. 1 S. 3 HGB verlangt demgegenüber für den selbständigen Handelsvertreter nur eine „angemessene Entschädigung". Ob die Höhe angemessen ist, bestimmt sich im Einzelfall anhand der zu erwartenden Nachteile für den Handelsvertreter. Die von U angebotene Entschädigung erscheint hier allerdings sehr niedrig. Die Klausel ist also in jedem Fall unwirksam, gleichgültig, ob H selbständig oder abhängig beschäftigt ist.

Die für selbständige Handelsvertreter geltenden Vorschriften **130**
über die Provision (§§ 87 ff. HGB) gelten für angestellte Handelsvertreter entsprechend, § 65 HGB.

§ 84 HGB definiert den selbständigen Handelsvertreter: Er ist
– ständig betraut
– für einen anderen Unternehmer
– entweder Geschäfte zu vermitteln oder in dessen Namen abzuschließen.

Der Handelsvertreter ist als selbständiger Gewerbetreibender **131**
Kaufmann nach § 6 HGB oder nach § 1 HGB. Nach der Sondervorschrift des § 84 Abs. 4 HGB ist Handelsvertreter auch derjenige, der nach § 1 Abs. 2 HGB kein Kaufmann wäre. Eine dem § 84 Abs. 4 HGB vergleichbare Vorschrift findet sich auch bei den anderen gesetzlich geregelten Vertragstypen.

Vertragspartner des Handelsvertreters ist ein Unternehmer. Für **132**
§ 84 HGB gilt ein weiter Unternehmerbegriff; er erfasst auch denjenigen, der beispielsweise als Angehöriger eines freien Berufs vom allgemeinen Unternehmerbegriff nicht umfasst wird.

Der Handelsvertreter kann auch als Unter-Handelsvertreter für einen anderen Handelsvertreter tätig sein, § 84 Abs. 3 HGB.

133 Der Handelsvertreter kann Vermittlungsvertreter oder Abschlussvertreter sein. Der Vermittlungsvertreter sorgt für ein Geschäft zwischen dem Kunden und dem Unternehmer. Er tritt dabei als Bote für den Antrag des Unternehmers auf. Am Geschäftsabschluss sind nur Unternehmer und Kunde beteiligt, der Handelsvertreter ist allenfalls passiver Stellvertreter des Unternehmers. Demgegenüber schließt der Abschlussvertreter selbst im Namen des Unternehmers mit dem Dritten ein Geschäft ab, wobei er als Stellvertreter (§ 164 BGB) tätig wird.

134 Der Inhalt des Geschäfts ist gesetzlich nicht festgelegt. Es kann Waren oder Dienstleistungen, Mobilien oder Immobilien betreffen.

b) Pflichten des Handelsvertreters

135 Da der Handelsvertreter auf Provisionsbasis tätig wird und selbständiger Kaufmann ist, könnte man meinen, dass er selbst entscheiden kann, ob und wie er aktiv wird. Das ist jedoch nach § 86 Abs. 1 HGB ausgeschlossen. Handelsvertreterverträge legen üblicherweise genau fest, welche Aktivitäten dem Handelsvertreter obliegen. Auch die Berichtspflicht (§ 86 Abs. 2 HGB) wird typischerweise detailliert geregelt.

Fall 26: Unternehmer U schreibt dem Handelsvertreter H im Einzelnen vor, welche Kunden er an welchen Tagen auf welchen Routen zu besuchen hat. Am Ende eines jeden Tages muss H genau Bericht erstatten. Über dem Vertrag steht: „Vertrag mit einem selbständigen Handelsvertreter“. Als U dem H kündigt, beruft sich dieser auf die Unwirksamkeit der Kündigung nach dem Kündigungsschutzgesetz.

Lösung: Das Kündigungsschutzgesetz gilt nur für Arbeitnehmer, § 1 Abs. 1 KSchG. Auf die Bezeichnung des Vertrages kommt es für die rechtliche Wertung nicht an (allgemeine Meinung). Übersteigen die Weisungen des Unternehmers gegenüber dem Handelsvertreter das notwendige Maß, ist das Rechtsverhältnis zwischen Unternehmer und Handelsvertreter als Arbeitsverhältnis zu klassifizieren. Das Kündigungsschutzgesetz ist dann anwendbar.

c) Pflichten des Unternehmers

Der Unternehmer muss dem Handelsvertreter die erforderlichen Unterlagen zur Verfügung stellen und die erforderlichen Nachweise geben, § 86a Abs. 1, 2 HGB. **136**

Das Entgelt des Handelsvertreters besteht in einer Provision, § 87 HGB. **137**

Voraussetzung ist ein während des Vertragsverhältnisses

– abgeschlossenes Geschäft,
– das auf die Tätigkeit des Handelsvertreters zurückgeht.

Wurde das Geschäft nach Beendigung des Handelsvertreterverhältnisses abgeschlossen, so hat der Handelsvertreter einen Anspruch nur unter den Voraussetzungen des § 87 Abs. 3 HGB. **138**

Das Geschäft zwischen Unternehmer und Kunde muss zustande gekommen sein, und der Dritte muss geleistet haben, § 87a Abs. 2 HGB. Liegt es am Unternehmen, dass das Geschäft nicht zustande kommt, erhält der Handelsvertreter trotzdem eine Provision, § 87a Abs. 3 HGB. **139**

Fall 27: Nachdem Handelsvertreter H ein Geschäft zwischen U und D vermittelt hat, kann U nicht liefern, da die Ware zufällig untergegangen ist. Erhält H für das Geschäft Provision?

Lösung: Man muss differenzieren: Gegenüber D braucht U, unabhängig von einem evtl. Verschulden, nicht zu leisten, § 275 Abs. 1 BGB. Der Provisionsanspruch des H ist jedoch gem. § 87a Abs. 3 S.2 HGB nur ausgeschlossen, wenn die Unmöglichkeit unverschuldet ist. Da hier aber kein Verschulden des U vorliegt, braucht U keine Provision zu zahlen.

Aufwendungen braucht der Unternehmer dem Handelsvertreter nicht zu ersetzen, § 87d HGB. **140**

d) Kündigung

141 Der Handelsvertretervertrag kann entweder auf bestimmte Zeit (§ 89 Abs. 3 HGB) geschlossen werden oder auf unbestimmte Zeit (§ 89 Abs. 1 HGB) und kann dann entsprechend der Fristenstaffel nach § 89 Abs. 1 HGB gekündigt werden. Eine fristlose Kündigung ist aus wichtigem Grund möglich, § 89a HGB.

e) Ausgleichsanspruch

142 Nach Beendigung des Handelsvertreterverhältnisses hat der Handelsvertreter entweder einen Provisionsanspruch nach § 87 Abs. 3 HGB oder einen Ausgleichsanspruch anstelle von Provision, wenn der Unternehmer aus der Tätigkeit des Handelsvertreters weiterhin einen erheblichen Vorteil hat, § 89b HGB.

143 Die weitere Voraussetzung, dass der Handelsvertreter Ansprüche auf Provision verliert, wurde aufgrund einer EuGH-Entscheidung Ende 2009 aufgehoben.

Fall 28: Handelsvertreter H hat seine Pflichten aus dem Handelsvertretervertrag mehrfach verletzt. Allerdings hat der Unternehmer U, für den er arbeitet, die letzten und gravierenden Pflichtverletzungen noch nicht erfahren. U kündigt H aus wichtigem Grund fristlos und will ihm keinen Ausgleichsanspruch zahlen.

Lösung: Nach § 89b Abs. 3 Nr. 2 HGB könnte der Ausgleichsanspruch entfallen; objektiv gesehen liegt ein wichtiger Grund vor; aber U kannte ihn im Zeitpunkt der Kündigung nicht. Nach der zugrunde liegenden Handelsvertreter-Richtlinie der EG, Art. 18 Buchst. a, muss aber zwischen Pflichtverletzung und Kündigung eine Kausalität bestehen. H hat daher einen Ausgleichsanspruch. Im Rahmen der Billigkeitsprüfung bzgl. der Höhe kann aber der Vertragsverstoß berücksichtigt werden.

§ 89b Abs. 3 Nr. 2 HGB gilt nur für Handelsvertreter. Die Vorschrift wird teilweise im Wege der Analogie auf andere Vertragsverhältnisse ausgedehnt. 144

3. Handelsmakler

Der entscheidende Unterschied zwischen Handelsvertreter und Handelsmakler (dazu §§ 93 ff. HGB) besteht darin, dass der Handelsvertreter nur für eine Seite tätig wird und mit dieser einen Geschäftsbesorgungsvertrag (§ 675 BGB) schließt, während der Handelsmakler neutraler Vermittler ist. Dementsprechend hat er einen Lohnanspruch gegen beide Parteien, § 99 HGB, und haftet beiden Parteien, § 98 HGB. 145

Der Handelsmakler ist abzugrenzen vom Zivilmakler, § 652 BGB, auf den nur die Vorschriften des BGB anwendbar sind. Nur bestimmte, im Gesetz genannte Arten von Verträgen, aber auch Verträge über „sonstige Gegenstände des Handelsverkehrs", § 93 Abs. 1 HGB, können Gegenstand sein, nicht aber andere, wie insbes. die Vermittlung von Geschäften über unbewegliche Sachen, § 93 Abs. 2 HGB. Handelsmakler unterliegen dem Gesetz auch, wenn die Voraussetzungen des § 1 Abs. 2 HGB nicht vorliegen. 146

4. Kommissionär

Der Kommissionär wird, wie der Handelsvertreter, nur für eine Vertragsseite tätig; aber anders als der Handelsvertreter im eigenen Namen. Ebenso wie der Handelsvertreter hat der Kommissionär Weisungen des Vertragspartners, des Kommittenten, zu befolgen, § 384 Abs. 1 HGB, und ihm Auskunft zu erteilen, § 384 Abs. 2 HGB. 147

5. Frachtführer

Die drei bisher behandelten Vertragstypen betrafen Vermittlung und Abschluss von Geschäften. Im Folgenden geht es um 148 die Beförderung von Gütern. Hierzu nennt das Gesetz zwei Vertragstypen, den des Frachtführers und den des Spediteurs.

149 Der Frachtvertrag verpflichtet den Frachtführer zur Beförderung des Gutes, § 407 HGB.

a) Pflichten des Absenders

150 Der Absender muss das Gut beförderungssicher verladen, § 412 HGB. Der Frachtführer kann die Ausstellung eines Frachtbriefes verlangen, § 408 HGB, der genaue Angaben über das auszuführende Geschäft enthält. Darüber hinaus muss der Absender weitere Urkunden zur Verfügung stellen und Auskunft erteilen, § 413 HGB. Bei Ablieferung des Gutes ist der Absender zur Zahlung verpflichtet, § 420 HGB.

b) Pflichten des Frachtführers

151 Der Frachtführer muss für die „betriebssichere Verladung" sorgen, § 412 Abs. 1 HGB. Er muss das Gut zum Bestimmungsort befördern und an den Empfänger abliefern, § 407 Abs. 1 HGB.

c) Rechte des Empfängers

152 Der Empfänger kann vom Frachtführer die Auslieferung verlangen, § 421 Abs. 1 HGB; er muss Fracht, die noch geschuldet wird, bezahlen, § 421 Abs. 2 HGB.

d) Haftung

153 Der Frachtführer haftet im Hinblick auf Schaden durch Verlust oder Beschädigung des Gutes, § 425 Abs. 1 HGB. Er haftet allerdings nicht, wenn der Schaden auch bei größter Sorgfalt nicht hätte vermieden werden können, § 426 HGB, sowie aus den in § 427 HGB genannten Gründen. Die Existenz des § 425 HGB hat in diesem Bereich die Figur der Drittschadensliquidation obsolet gemacht. Für das Verschulden seiner Leute haftet der Frachtführer wie für eigenes, § 428 HGB.

6. Spediteur

Anders als der Frachtführer ist der Spediteur nicht selbst zur Beförderung verpflichtet, sondern er hat „die Versendung des Gutes zu besorgen", § 453 Abs. 1 HGB. Er übernimmt also die Organisation der Beförderung, § 454 HGB. Der Spediteur kann Frachtführer mit der Beförderung betrauen, aber auch selbst als Frachtführer eintreten, § 458 HGB. Ebenso wie der Frachtführer haftet er für einen Schaden, der durch Beschädigung oder Verlust des Gutes eintritt, § 461 HGB. **154**

7. Lagerhalter

Der Lagerhalter ist zur Lagerung und Aufbewahrung von Gütern verpflichtet, § 467 HGB. **155**

8. Nicht gesetzlich geregelte Vertragstypen

Neben den im Gesetz geregelten Vertragstypen haben sich in der Praxis weitere Vertragstypen herausgebildet, von denen hier nur zwei genannt seien. **156**

a) Franchisevertrag

Während Handelsvertreter und Kommissionäre nur teilweise in das Vertriebssystem eines Produzenten eingegliedert sind, ist der Franchisenehmer einerseits eigener Unternehmer (er handelt im eigenen Namen und auf eigene Rechnung), aber andererseits Teil des Gesamtsystems des Franchisegebers. Der Franchisegeber stellt sein Know-how und seine Beratung zur Verfügung (z.T. auch Produkte wie im Fastfoodbereich); dafür muss sich der Franchisenehmer im Hinblick auf die gesamte Führung des Unternehmens den Weisungen des Franchisegebers unterwerfen. Seinen Verdienst erhält der Franchisenehmer durch den Verkauf an Kunden; für die Leistung des Franchisegebers muss er diesem eine Provision zahlen. **157**

b) Vertragshändlervertrag

158 Auch der Vertragshändler hat, wie der Franchisenehmer, ein eigenes Unternehmen und verkauft oder nimmt Dienstleistungen im eigenen Namen vor. Er handelt auf eigene Rechnung. Auch er ist in ein System des Produzenten eingebunden. Der Vertragshändler schließt mit einem Produzenten einen Rahmenvertrag, innerhalb dessen er Waren des Produzenten kauft und weiterverkauft.

159 Streitig ist, ob § 89b HGB auf ihn analog anzuwenden ist. Das hängt davon ab, ob der Vertragshändler ähnlich wie ein Handelsvertreter in die Absatzorganisation des Unternehmers eingebunden ist.

G. Handelsgeschäfte

I. Arten und Definition

160 Das Vierte Buch des HGB lautet: „Handelsgeschäfte“. Man würde erwarten, dort die Regelungen jedenfalls der typischen Geschäfte von Kaufleuten zu finden, z.B. Bankgeschäfte, Versicherungsgeschäfte usw. Tatsächlich enthält das Vierte Buch jedoch nur einen kleinen Ausschnitt aus dem Bereich der Handelsgeschäfte.

Hierbei handelt es sich zum einen um einige typische Geschäfte wie

– Frachtgeschäft
– Speditionsgeschäft
– Lagergeschäft.

Andere typische Geschäfte sind im Ersten Buch geregelt, nämlich
– die von Handelsvertretern und
– die von Kommissionären.

Im Übrigen dienen die Vorschriften des Vierten Buches der Modifizierung allgemeiner Vorschriften des Zivilrechts; nur für den Handelsvertreter findet sich eine etwas eingehendere Regelung. 161

Zunächst müssen Sie also feststellen, ob die im Sachverhalt genannte Person Kaufmann ist. Sodann ist das Geschäft entweder dem geschäftlichen Verkehr oder dem Privatverkehr des Kaufmanns zuzurechnen. 162

Die Abgrenzung wird allerdings erleichtert durch § 344 HGB. Im Zweifel gilt das Geschäft als Handelsgeschäft. Bei Sachverhalten während des Jurastudiums handelt es sich – anders als im wirklichen Leben – meist um unstreitige Sachverhalte. Das bedeutet: Steht im Sachverhalt, dass Kaufmann K seiner Ehefrau zur Hochzeit Perlen gekauft hat, so ist das – unstreitig – ein privates Geschäft. Nur wenn der Sachverhalt offen lässt, worum es sich handelt (Kaufmann K kauft beim Blumenhändler B Blumen) können Sie § 344 HGB anwenden. 163

Fall 29: A, der demnächst ein vollkaufmännisches Gewerbe betreiben möchte, kauft beim Verkäufer B Büromöbel. Vier Wochen später reklamiert er die Schränke, da die Teile nicht zusammenpassen. Muss er zahlen?

Lösung: Die Ware gilt nach § 377 Abs. 2 HGB als genehmigt, mit der Folge, dass A keine Gewährleistungsrechte mehr hat – wenn A nicht rechtzeitig gerügt hat. Weitere Voraussetzung ist, dass der Kauf für beide Teile ein Handelsgeschäft ist, § 377 Abs. 1 HGB. Nach § 343 HGB gelten auch die Vorbereitungsgeschäfte als Handelsgeschäfte. A kann keine Gewährleistung mehr geltend machen.

I.d.R. genügt es im Übrigen nach § 345 HGB, dass das Geschäft für einen der beiden Vertragspartner ein Handelsgeschäft ist. Nur wenn in der konkreten Bestimmung ausdrücklich ein beiderseitiges Handelsgeschäft gefordert wird, müssen Sie die Voraussetzungen nach §§ 343 f. HGB für beide Personen überprüfen. 164

165 Alle anderen als die oben genannten Handelsgeschäfte sind in Spezialgesetzen geregelt; so z.B. Versicherungsgeschäfte im Versicherungsvertragsgesetz (VVG) und im Versicherungsaufsichtsgesetz (VAG). Da die genannten Handelsgeschäfte bereits im Abschnitt F behandelt wurden, ist hier nur auf die allgemeinen Vorschriften einzugehen.

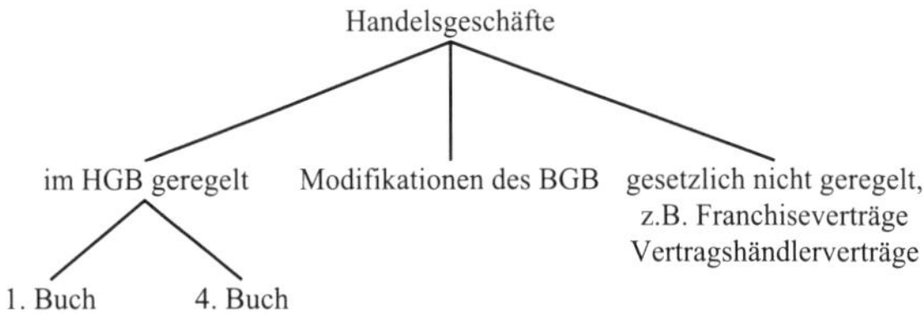

166 Für die Anwendung der allgemeinen Vorschriften über den Handelskauf müssen im konkreten Fall zunächst die §§ 343 bis 345 HGB geprüft werden.

Voraussetzung ist grundsätzlich

– das Geschäft eines Kaufmanns,

– das zum Betrieb seines Handelsgewerbes gehört.

II. Handelsbrauch

167 Nach § 346 HGB ist auf Handelsbräuche „Rücksicht zu nehmen“. Die Besonderheiten des Handelsverkehrs führen dazu, dass bestimmte Willenserklärungen oder Gesetzesvorschriften in einem bestimmten Sinne zu verstehen sind, der den Usancen des Geschäftslebens Rechnung trägt.

III. Einzelne Vorschriften

1. Allgemeines

168 Eine Reihe von Vorschriften wiederholen oder modifizieren Vorschriften des BGB.

Dass Verschuldensmaßstab die „Sorgfalt eines ordentlichen Kaufmanns“ ist, **§ 347 HGB**, ergibt sich schon aus § 276 BGB, wonach es nicht auf ein subjektives Verschulden ankommt, sondern auf die Anforderung an den maßgeblichen Verkehrskreis. **169**

Die Anforderungen an eine Gattungsschuld, **§ 360 HGB**, entsprechen denen des § 243 BGB. Nach einigen Vorschriften genießen Kaufleute als Schuldner einen geringeren Schutz als nach allgemeinem Zivilrecht. So kann nach **§ 348 HGB**, anders als nach § 343 BGB, eine Vertragsstrafe nicht herabgesetzt werden. **170**

Die Einrede der Vorausklage, die dem Bürgen nach § 771 BGB zusteht, hat der Kaufmann für ein Handelsgeschäft nicht, **§ 349 HGB**. **171**

Die Formvorschriften nach §§ 766, 768, 781 BGB gelten nicht für Handelsgeschäfte, **§ 350 HGB**. Die Höhe der Fälligkeitszinsen beträgt bei beiderseitigen Handelsgeschäften 5 %, **§ 352 HGB**. **172**

Eigene Anspruchsgrundlagen ergeben sich aus **§§ 353 und 354 HGB**. Während Forderungen grundsätzlich nur im Verzugsfall zu verzinsen sind, besteht nach § 353 HGB ein Anspruch auf Fälligkeitszinsen. Nach § 354 HGB (Merksatz: Ein Kaufmann tut nichts umsonst.) bestehen Ansprüche auf Provision, Lagergeld und Zinsen. **173**

Wieder andere Vorschriften enthalten Auslegungsregeln für zivilrechtliche Bestimmungen über die Art und Weise der Leistung: **§§ 358, 359 HGB** hinsichtlich der Leistungszeit, **§ 361 HGB** betrifft Maße und Gewichte. **174**

2. Schweigen im Handelsverkehr

Wenn Sie in einer Klausur die Angabe finden, dass ein Kaufmann auf das Schreiben eines anderen nicht reagiert hat, kommen mehrere rechtliche Ansätze in Betracht. **175**

a) Vertragsschluss im Allgemeinen

Nach allgemeinem Zivilrecht gilt Schweigen jedenfalls nicht als Zustimmung. Das zeigen die Vorschriften über den Ver- **176** tragsschluss: Nach §§ 146, 147 Abs. 2 BGB bedeutet das Schweigen auf einen Antrag nach Ablauf einer angemessenen Frist (oder gem. § 148 BGB nach Ablauf einer festgelegten Frist), dass der Antrag erlischt.

b) § 362 HGB

177 Anders kann es sich beim Schweigen eines Kaufmanns verhalten.

178 Bei Kaufleuten, deren Geschäftsbetrieb die Geschäftsbesorgung für andere mit sich bringt, gilt das Schweigen auf einen Antrag eines Kunden als Annahme des Antrags, § 362 HGB (vgl. damit die engere Vorschrift des § 663 BGB).

179 Voraussetzung ist eine Geschäftsbesorgung. Das ist, wie in § 675 BGB, eine selbständige wirtschaftliche Tätigkeit im Interesse eines anderen in dessen wirtschaftlichem Geschäftskreis. Die im HGB geregelten Geschäftsbetriebe der Handelsvertreter, Kommissionäre und Makler, der Frachtführer und der Spediteure gehören dazu, ebenso beispielsweise auch die der Banken.

180 § 362 HGB greift nur ein, wenn zwischen den beiden intendierten Vertragspartnern bereits eine Geschäftsbeziehung besteht. Einzelne gelegentliche Geschäfte reichen nicht aus, sondern die Geschäfte müssen auf Kontinuität angelegt sein. Im Übrigen genügt es, dass das angebotene Geschäft zu denen gehört, die der Kaufmann sonst abschließt, auch wenn es ein anderes als die bisher zwischen den Parteien geschlossenen ist.

c) Kaufmännisches Bestätigungsschreiben

181 Darüber hinausgehend gilt im Handelsrecht der gewohnheitsrechtliche Grundsatz „Schweigen auf ein kaufmännisches Bestätigungsschreiben gilt als Zustimmung zum Inhalt des Schreibens." Auf beiden Seiten des Geschäfts muss grundsätzlich ein Kaufmann beteiligt sein. Der Rechtssatz wird aber auch entsprechend auf diejenigen angewandt, die in großem Umfang am Geschäftsleben teilnehmen.

Der Rechtssatz ist abzugrenzen von der Auftragsbestätigung und von der modifizierten Annahme nach § 150 Abs. 2 BGB. **182**

aa) Auftragsbestätigung

Eine bloße **Auftragsbestätigung** enthält nichts weiter als die Wiederholung des Antrags, den ein Kunde gemacht hat. Ändert der Empfänger den Antrag ab, so gilt dies nach § 150 Abs. 2 BGB als Ablehnung des Antrags des Kunden, verbunden mit einem neuen Antrag des Verkäufers. **183**

Fall 30: Kaufmann K bestellt bei Kaufmann V Büromöbel in der Farbe rostbraun. V schreibt zurück: „Rostbraun ist leider nicht mehr vorrätig. Sind Sie damit einverstanden, dass ich in bordeauxrot liefere?" K äußert sich nicht. Als V die Möbel anliefern will, lehnt K die Annahme ab. Zu Recht?

Lösung: Mit Recht, denn ein Kaufvertrag ist nicht zustande gekommen. V hat den Antrag des K abgelehnt und einen neuen Antrag gemacht. Das Schweigen des K führte nicht zum Vertragsschluss. Ein kaufmännisches Bestätigungsschreiben liegt nicht vor, da dies einen Vertragsschluss voraussetzt.

bb) Kaufmännisches Bestätigungsschreiben

(1) Das **kaufmännische Bestätigungsschreiben** setzt voraus, dass Verhandlungen mit Klarstellungsbedarf stattgefunden haben, während in den vorgenannten Fällen nur ein Antrag vorliegt. Das Bestätigungsschreiben soll das Ergebnis der Verhandlungen protokollieren und dient damit der Rechtssicherheit und der Beweiserleichterung. Weicht das Bestätigungsschreiben bewusst oder, unabhängig davon, in erheblichem Umfang vom tatsächlich Vereinbarten ab, erzeugt das Schreiben nicht die typischen Wirkungen; der Vertragspartner braucht nicht zu reagieren, es verbleibt bei dem ursprünglichen Inhalt des Vertrages. **184**

Da schnell Klarheit geschaffen werden soll, muss der Empfänger, der mit dem Inhalt des Schreibens nicht einverstanden ist, schnell reagieren. Schweigt er, so gilt das als Bestätigung des **185**

Schreibens: Der Vertrag kommt mit dem Inhalt des Bestätigungsschreibens zustande, wenn das Bestätigungsschreiben nicht oder nur in dem genannten Umfang vom Inhalt des Vereinbarten abweicht. Die Wirkung kann aber auch darüber hinausgehen: Auch wenn die Verhandlungen in Wahrheit noch zu keinem Abschluss geführt hatten, weil noch einige Fragen offen geblieben waren, kann das Schweigen auf das Bestätigungsschreiben dazu führen, dass überhaupt ein Vertrag zustande kommt.

Fall 31: Kaufmann K hat mit dem Handlungsbevollmächtigten H des Kaufmanns V Verhandlungen über den Kauf von Waren geführt. K schreibt V das Ergebnis dieser Verhandlungen. V äußert sich nicht. Zum Fälligkeitszeitpunkt lehnt V die Lieferung ab, da H keine Handlungsvollmacht mehr gehabt habe.

Lösung: V ist zur Lieferung verpflichtet. Sein Schweigen auf das kaufmännische Bestätigungsschreiben des K hilft über den Mangel der Vertretungsmacht des H hinweg.

186 (2) Besondere Probleme wirft die **Einbeziehung von AGB** auf. Hier soll zunächst zwischen der Situation ohne und sodann derjenigen mit Bestätigungsschreiben unterschieden werden.

187 Hat eine Partei schon zu Beginn der Verhandlungen auf ihre AGB wirksam Bezug genommen, so werden diese zum Inhalt des Vertrages. Haben beide Parteien ihre AGB einbezogen, ist zu unterscheiden. Soweit sie übereinstimmen oder einander nicht widersprechen, setzt sich der Inhalt des Vertrages aus beiden AGB zusammen. Widersprechen die AGB einander, so gelten diese Klauseln nicht; an ihre Stelle tritt das dispositive Gesetzesrecht.

188 Waren die AGB bislang noch nicht Vertragsinhalt und verweist nur der Verfasser des kaufmännischen Bestätigungsschreibens auf seine AGB, so gilt nach der Rechtsprechung diese einseitige Einbeziehung der AGB als geschäftsüblich; der Vertrag kommt mit den AGB des Absenders zustande.

Schicken beide Parteien jeweils kaufmännische Bestätigungsschreiben ab (**sich kreuzende Bestätigungsschreiben**) und fügen beide jeweils ihre AGB bei, so gilt nicht mehr (wie noch nach der früheren Rechtsprechung) die Theorie des letzten Wortes. Es kann nicht darauf ankommen, ob eine der beiden Vertragsparteien mit ihrer Post schneller war. Widersprechen sich die sich kreuzenden Bestätigungsschreiben nur in Randfragen, dann kommt der Vertrag jedenfalls zustande. Beziehen sich Widersprüche in den AGB auf Nebenpunkte und stimmen die Regelungswerke im Kern überein, so kommt der Vertrag mit diesem Inhalt zustande; bezüglich der Nebenpunkte gilt anstelle der beiden AGB dispositives Gesetzesrecht. **189**

Eine Anfechtung der Vertragserklärung nach dem Schweigen auf ein kaufmännisches Bestätigungsschreiben ist nicht möglich. Das gilt selbstverständlich, soweit es den Irrtum über die Bedeutung des Schweigens betrifft. Es gilt aber auch bezüglich eines Inhaltsirrtums, da ein Anfechtungsrecht dem Sinn dieses Rechtsinstituts widersprechen würde. **190**

cc) Schweigen bei Rügeobliegenheit

Ein weiterer Fall der besonderen Bedeutung des Schweigens im Handelsverkehr ergibt sich aus § 377 HGB (dazu u. Rn. 205 ff.). **191**

3. Gutgläubiger Erwerb

Der Gutglaubenserwerb nach den §§ 932 ff. BGB betrifft den guten Glauben an das Eigentum eines Nichtberechtigten. Im Handelsverkehr erwirbt der Kaufmann aber häufig Waren von einem Vertragspartner, von dem er weiß, dass er nicht Eigentümer der Ware ist; aber er darf ihn für verfügungsberechtigt halten. Abweichend vom BGB schützt **§ 366 HGB** den guten Glauben an die Verfügungsbefugnis. **192**

Der Verfügende muss Kaufmann sein. Der Erwerb vom Scheinkaufmann genügt nicht (str.) – der Eigentümer, zu dessen Lasten der Erwerb ginge, hat den Rechtsschein nicht veranlasst. **193**

Fall 32: K erwirbt von V Waren unter Eigentumsvorbehalt, was in der Branche auch üblich ist. V hat die Waren seinerseits vom Hersteller H unter verlängertem Eigentumsvorbehalt erworben; d. h. die Forderungen, die V gegen seine Kunden hat, sind im Voraus an H abgetreten. Dabei hat sich H gegenüber V das Eigentum bis zur vollständigen Weiterleitung des Kaufpreises aus dem Weiterverkauf vorbehalten, was K wissen musste. Da V an H nicht zahlt, tritt H vom Vertrag mit V zurück und verlangt die Ware von K heraus. Dieser beruft sich darauf, dass er V für verfügungsbefugt gehalten habe. Zu Recht?

Lösung: Im vorliegenden Fall musste K wissen, dass V keine Verfügungsmacht hatte. Er war daher nicht i.S. des § 366 HGB gutgläubig (nachgebildet BGH NJW 2005, 1365).

4. Zurückbehaltungsrecht

194 Ein allgemeines Zurückbehaltungsrecht gibt es im BGB für den gegenseitigen Vertrag in § 320 BGB und für konnexe Forderungen nach § 273 BGB. Dieses allgemeine Zurückbehaltungsrecht wird durch § 369 HGB für beiderseitige Handelsgeschäfte erweitert. **§ 369 HGB** geht in zweifacher Weise über § 273 BGB hinaus: Es braucht keine Konnexität der Ansprüche zu bestehen, und der Gläubiger hat ein pfandähnliches Befriedigungsrecht, § 371 HGB.

195 § 369 HGB gilt für beiderseitige Handelsgeschäfte, die – fällige – Forderung muss eine Geldforderung sein. Zurückbehaltungsrechte gelten nur bezüglich beweglicher Sachen und Wertpapiere. Diese müssen im Eigentum des Schuldners stehen und mit dessen Willen in den Besitz des Gläubigers gelangt sein. Schließlich muss der Gläubiger die Sache aufgrund eines Handelsgeschäfts in seinen Besitz bekommen haben.

196 Aufgrund des Zurückbehaltungsrechts kann der Gläubiger die Herausgabe der Sache gegenüber dem Schuldner verweigern. Ebenso wie bei § 273 BGB handelt es sich um eine Einrede.

Der Gläubiger kann sich aus den in seinen Besitz gelangten Gegenständen auf zweierlei Weise befriedigen. Er kann denselben Weg gehen, der ihm auch ohne das Zurückbehaltungsrecht offensteht: Er verklagt den Schuldner und kann aufgrund eines Titels in das gesamte Vermögen des Schuldners vollstrecken, und damit auch in die Sachen des Schuldners, die sich in seinem Besitz befinden. Der Gläubiger kann aber auch die speziellen Rechte aus § 371 HGB geltend machen. In diesem Fall kann er die Sachen entweder freihändig verkaufen oder er kann sie durch einen Gerichtsvollzieher versteigern lassen. **197**

Besondere Bedeutung hat das Zurückbehaltungsrecht im Fall der Insolvenz des Schuldners. Es erlaubt dem Gläubiger eine abgesonderte Befriedigung aus dem zurückbehaltenen Gegenstand, §§ 51 Nr. 3, 50 InsO. **198**

5. Bankgeschäfte, Kontokorrent und Abtretungsausschluss

a) Kaufmännische Orderpapiere

Sondervorschriften über kaufmännische Orderpapiere enthalten die §§ 363 ff. HGB. **199**

b) Kontokorrent

Ein Kontokorrent i.S.d. § 355 HGB kann nicht nur im Verhältnis eines Kaufmanns zu einer Bank bestehen, sondern allgemein, wenn Forderungen gegeneinander verrechnet werden sollen. Das führt dazu, dass es rechtlich nicht mehr auf die einzelnen Forderungen ankommt, sondern auf den Saldo. Vom Saldo können Zinsen verlangt werden, der Saldo kann gepfändet werden, § 357 HGB. Das Kontokorrent dient der Vereinfachung und der Sicherung. Es hat für die darin eingestellten Forderungen die Wirkung einer Aufrechnung. **200**

Eine der beiden Vertragsparteien muss Kaufmann sein. Beide müssen eine Kontokorrentabrede geschlossen haben. **201**

c) Abtretungsausschluss

202 Nach § 399 BGB kann vertraglich vereinbart werden, dass eine bestimmte Forderung nicht abgetreten werden darf. Für einen Kaufmann, der Waren auf Kredit an einen anderen verkauft, der ihm gegenüber dieses Abtretungsverbot durchsetzt, ist damit der Weg versperrt, diese Forderung seinerseits als Sicherheit gegenüber einem Kreditgeber zu verwerten. Deshalb enthält § 354a HGB die Regelung, dass eine Abtretung entgegen dem Abtretungsverbot die Wirksamkeit einer Abtretung nicht beeinträchtigt.

IV. Handelskauf

1. Allgemeines

203 Grundsätzlich gelten für Kaufleute im Handelsverkehr die Vorschriften des BGB über den Kaufvertrag. Für die Falllösung müssen Sie daher von den BGB-Vorschriften ausgehen. Nur in Einzelfragen gibt es Abweichungen; daher müssen Sie ggf. auch einige andere Sondervorschriften beachten, die für Handelsgeschäfte allgemein gelten (s. oben Rn. 168 ff.).

2. Fixgeschäfte

204 Für absolute Fixgeschäfte gilt nach dem BGB, dass das erfolglose Verstreichenlassen der vereinbarten Zeit zur Unmöglichkeit und nicht nur zum Verzug führt. Der Vertragspartner hat daher die bei Unmöglichkeit bestehenden Rechtsbehelfe, wie Rücktritt oder Schadensersatz. Ähnliches regelt **§ 376 HGB**.

3. Die Rügeobliegenheit

205 Eine Besonderheit für den Fall, dass der Kauf ein beiderseitiges Handelsgeschäft ist, besteht in der Rügeobliegenheit des Käufers, **§ 377 HGB**. Der Käufer muss die Ware unverzüglich nach der Ablieferung untersuchen und, wenn Mängel vorliegen,

diese dem Verkäufer anzeigen. Tritt der Mangel später auf, muss er unverzüglich nach der Entdeckung angegeben werden. Die Charakterisierung des Gewährleistungsanspruchs entspricht der des BGB.

Dementsprechend kommen in Betracht:
- Qualitätsmangel
- aliud-Lieferung
- Quantitätsmangel.

Dabei muss es sich um einen Sachmangel handeln; für Rechtsmängel gilt § 377 HGB nicht (str.). **206**

Fall 33: a) Kaufmann K erhält ihm von Kaufmann V aufgrund eines Kaufvertrags zugeschickte Waren. Er schreibt zurück: „Was Sie geliefert haben, ist Schund" (womit er Recht hat). Muss er zahlen?

b) Variante: K zählt die Mängel der Ware im Einzelnen auf. Das Schreiben schickt er ab; es kommt bei V nicht an. Muss K zahlen?

Lösung: Im Fall a) ja, da seine Rüge unspezifiziert war. Wenn er sie nachträglich genauer formuliert, kann es zu spät sein.

Im Fall b) muss K ebenfalls zahlen. § 377 Abs. 4 HGB betrifft nur den verspäteten Zugang der Mängelrüge. Das Risiko, dass das Schreiben überhaupt nicht beim Verkäufer ankommt, trägt der Käufer.

Macht der Käufer den Mangel ordnungsgemäß geltend, so kann er die Rechte aus § 437 BGB wahrnehmen, nämlich

- Nacherfüllung verlangen,
- zurücktreten,
- mindern oder
- Schadensersatz verlangen.

207 Rügt der Käufer nicht ordnungsgemäß, so gilt die Ware trotz des Mangels als genehmigt. Er muss den vereinbarten Kaufpreis zahlen, obwohl ihm eine schlechtere oder eine andere als die vereinbarte Ware geliefert wird. Ist die Ware dagegen besser als geschuldet, braucht der Käufer nicht mehr zu zahlen. Für nicht erkennbare Mängel gilt die Regelung nicht.

208 Problematisch ist, welche Anforderungen an die Untersuchung gestellt werden können. Bei einer großen Lieferung genügen Stichproben. Ist die Ware verpackt, muss der Käufer einzelne Verpackungen öffnen und die Ware prüfen.

Fall 34: Kaufmann K erhält vom Kaufmann V 2.000 Dosen Champignons geliefert. 10 Dosen öffnet er und stellt keinen Mangel fest. Nach zwei Wochen stellt sich heraus, dass 100 Dosen Champignons verdorben sind. Kann K noch rügen?

Lösung: Ja. Bei einer Lieferung einer großen Menge genügt der Käufer seiner Prüfungsobliegenheit, wenn er Stichproben untersucht. Das hat K hier getan.

4. Annahmeverzug

209 Im Falle des Annahmeverzugs des Käufers kann der Verkäufer die Ware lagern oder hinterlegen, **§ 373 HGB**.

Kapitel 2. Gesellschaftsrecht

A. Einleitung und Gemeinsamkeiten aller Gesellschaften

I. Vertraglicher Zusammenschluss

Eine Gesellschaft ist grds. ein vertraglicher Zusammenschluss 210 von mehreren Personen (Ausnahmen für Ein-Personen-Gründungen sind bei Kapitalgesellschaften möglich). Die Zahl der vom Gesetzgeber zur Verfügung gestellten Gesellschaftsformen ist abschließend, d. h. es besteht ein numerus clausus. Der Abschluss eines Gesellschaftsvertrages ist grds. formfrei möglich, vgl. § 705 BGB; die Vorschrift findet über Verweisungen auch auf viele andere Personengesellschaften Anwendung (für bestimmte Gesellschaftsformen gibt es jedoch spezielle Formvorschriften). Angesichts der Formfreiheit ist es möglich, dass ein Vertrag besteht, obwohl sich die Beteiligten keine Gedanken darüber gemacht haben, dass sie gerade eine Gesellschaft gegründet haben (z. B. die Lottogemeinschaft, die regelmäßig zusammen spielt). Der Abschluss eines Gesellschaftsvertrages ist auch konkludent möglich (*BGH* NJW 1951, 311 f.), jedoch ist stets ein Vertragsschluss erforderlich.

Anders ist es hingegen bei einer Stiftung. Diese ist eine recht- 211 lich verselbständigte Vermögensmasse, die nach dem Willen des Stifters dazu bestimmt ist, einem Zweck zu dienen (§ 81 BGB). Zu Grunde liegt hierbei kein Vertrag, sondern die einseitige Bestimmung des Stifters, zu der die behördliche Zustimmung kommen muss.

Bei der Auslegung des Vertrages gelten für das Verhältnis 212 der Gesellschafter untereinander die allgemeinen Auslegungsregeln der §§ 133, 157 BGB, d. h. es kommt grds. auf den objektiven Empfängerhorizont an. Soweit es um das Verhältnis zu Dritten geht, wird der Gesellschaftsvertrag wegen seiner konstitutiven Wirkung wie ein Gesetz ausgelegt. Der Vertrag ist sowohl ein schuldrechtlicher Vertrag, weil er Pflichten auferlegt, als auch ein organisatorischer Vertrag, weil er die Struktur der Gesellschaft regelt.

II. Gemeinsamer Zweck

213 Der Zweck einer Gesellschaft kann alles sein, was erlaubt ist (Grenzen ergeben sich aus Spezialgesetzen, im Übrigen aus §§ 134, 138 BGB; insbesondere gilt das Kartellverbot aus § 1 GWB). Es muss jedoch ein gemeinsamer Zweck sein.

Fall 35: Für den regelmäßigen Besuch von Trödelmärkten haben zwei Erwerbslose (A und B) zusammen einen Transporter erworben: Sie vereinbaren zugleich, dass sie den Gewinn aus den Ein- und Verkäufen teilen.

Abwandlung: Wie ist es, wenn die beiden sich nur darauf einigen, den Transporter anzuschaffen und A den Wagen an jedem ungeraden Sonntag (1. und 3.) im Monat nutzen darf, B dagegen an den anderen Sonntagen (2. und 4.).

Lösung: Im Fall liegt ein gemeinsamer Zweck vor, da die beiden den Wagen gemeinsam nutzen und den Gewinn teilen. In der *Abwandlung* hingegen verfolgt jeder nur seinen eigenen Zweck. Das gemeinsame Kfz wird nicht für einen gemeinsamen Zweck genutzt, sondern jeder nutzt es nur für sich. Dies ist auch das Abgrenzungskriterium zur Bruchteilsgemeinschaft (dort sind mehrere Personen zu Bruchteilen Eigentümer einer Sache; §§ 1008 ff., 741 ff. BGB).

214 **Merksatz:** Für einen Gesellschaftszweck ist es erforderlich, dass der Zweck über das Interesse an der Anschaffung, Erhaltung und Nutzung einer Sache hinausgeht.

III. Beitragspflicht der Gesellschafter

Erforderlich für eine Gesellschaft ist, dass die Gesellschafter 215
den gemeinsamen Zweck fördern. Dies wird häufig durch Beiträge in Geldform geschehen. Wenn dem Zweck aber auch anders gedient werden kann, dann kann dies in jeglicher Form geschehen, insbesondere sind auch Dienstleistungen mögliche Gesellschafterbeiträge. In diesen Konstellationen kann es zu Kollisionen von Arbeitsrecht und Gesellschaftsrecht kommen. Da aber regelmäßig keine persönliche Abhängigkeit des Gesellschafters besteht, wird i.d.R. keine Arbeitnehmereigenschaft anzunehmen sein. Schwieriger ist dies bei Mitgliedsbeiträgen von Vereinsmitgliedern in Form von Dienstleistungen.

IV. Oberbegriff der Gesellschaft

Der Begriff Gesellschaft wird sowohl in einem weiten Sinn (als 216
Oberbegriff) als auch in einem engen Sinn verwendet. Im weiten Sinne erfasst er Gesellschaften im engeren Sinn und Vereine (die jeweils juristische Personen sind). Gesellschaften im engeren Sinn sind die Personengesellschaften (GbR, OHG, KG, EWIV, stille Gesellschaft, Reederei, Partnerschaft). Vereine i.w.S. (Körperschaften) sind die Vereine des BGB (§§ 21 ff. BGB), AG, KGaA, GmbH, Genossenschaften, VVaG. Die Unterscheidung ist danach vorzunehmen, ob die Gesellschaft vom Bestand ihrer Mitglieder abhängig oder unabhängig ist.

Bei Abhängigkeit des rechtlichen Bestandes der Gesellschaft 217
von den Gesellschaftern liegt eine Gesellschaft i.e.S. vor, demgegenüber ist die Organisationsstruktur bei Vereinen durch ihre Unabhängigkeit vom Mitgliederbestand gekennzeichnet.

V. Abgrenzung

Kennzeichen eines Vereins ist seine Kontinuität. Damit sie 218
gewahrt wird, muss der Verein i.d.R. von dem Bestand seiner konkreten Mitglieder unabhängig sein, d. h. bei einem Verein

können Zahl und Identität der Mitglieder stets wechseln (s. § 39 BGB zum Austritt).

219 Anders ist dies bei der Gesellschaft; so ist z.B. die GbR grds. von ihren Gesellschaftern abhängig (§§ 723, 727, 736 BGB).

Da der Verein unabhängig von seinen Mitgliedern sein muss, bedarf es der Regelung, wer für den Verein handelt. Bestimmte Handelnde müssen stets vorhanden sein (beim e. V. der Vorstand, §§ 26 ff. BGB, und die Mitgliederversammlung, §§ 32 ff. BGB). Dies ist mit Organisationsstruktur gemeint. Bei einem Verein sind – da die Mitglieder wechseln – grds. alle Mitglieder mit gleichen Rechten und Pflichten ausgestattet, diese sind in einer Satzung geregelt (Ausnahmen sind gem. § 35 BGB möglich).

220 Die „Mutter der Personengesellschaften" ist die GbR, auf die bei den anderen Personengesellschaften durch gesetzliche Verweisung Bezug genommen wird.

221 Der „Vater der Vereine" ist der Verein i.S.d. BGB, dessen Vorschriften subsidiär zu den speziellen Vorschriften der Sonderformen der Vereine hinzukommen.

222 Wichtigster Unterschied ist heute, dass die Vereine i.w.S. (Körperschaften) nur mit ihrem Gesellschaftsvermögen haften, während bei den Personengesellschaften die Gesellschafter persönlich und unbeschränkt haften (Ausnahme nur für den Kommanditisten der KG, dazu unten Rn. 328 ff.).

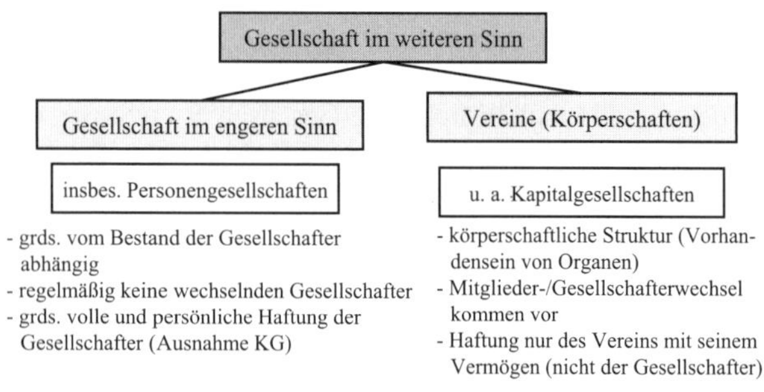

VI. Weitere Gemeinsamkeiten

Manche Regelungen finden auf alle Gesellschaftsformen Anwendung, weil mehrere Personen zusammenwirken. So sind bei Beschlüssen Gesellschafter oder Mitglieder im Allgemeinen ausgeschlossen, wenn bei ihnen eine Interessenkollision besteht (Spezialvorschriften in § 34 BGB, §§ 113, 117, 127, 140 HGB, § 47 GmbHG, § 136 AktG, § 43 GenG, § 25 WEG). Ein weiteres Beispiel ist die Lehre von der fehlerhaften Gesellschaft. Es ist unabhängig von der Gesellschaftsform sehr schwierig, eine in Vollzug gesetzte Gesellschaft über die §§ 812 ff. BGB rückabzuwickeln; daher bleibt die Gesellschaft i.d.R. für die Vergangenheit bestehen (vgl. unten Rn. 315 ff.). **223**

B. Die einzelnen Gesellschaftsformen

Übersicht über die wichtigsten Gesellschaftsformen:

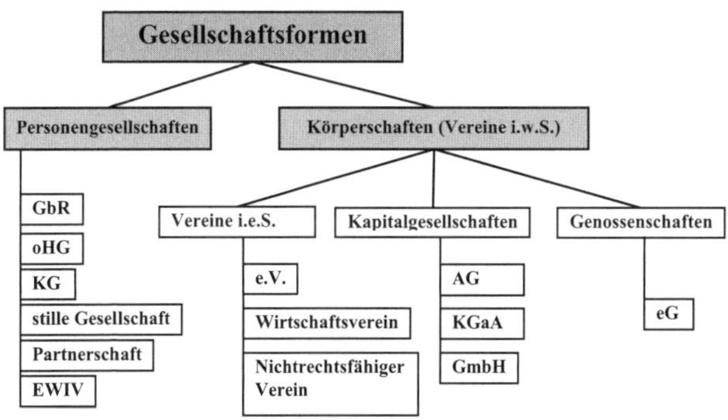

Urformen der Personengesellschaften und Körperschaften:

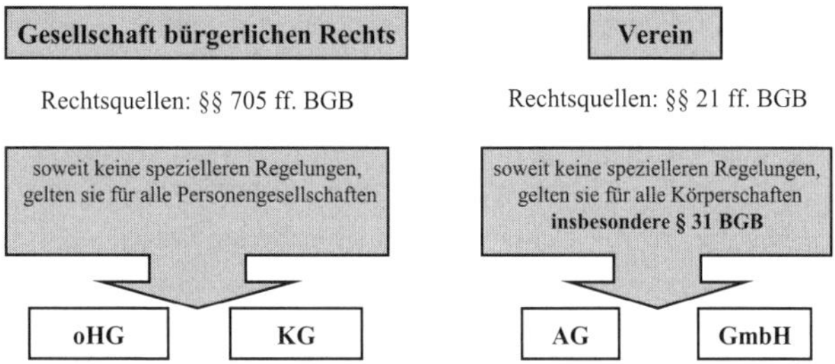

I. Der eingetragene Verein – e. V.

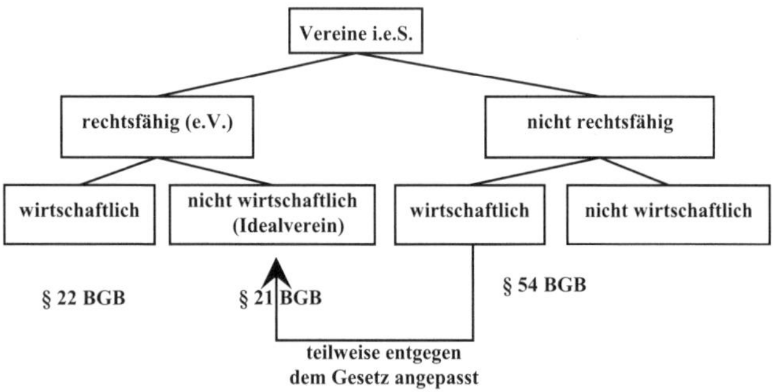

1. Gründung

224 Damit ein Verein entsteht, ist es erforderlich, dass sich mehrere Personen (mind. 7 Gründungsmitglieder, § 56 BGB) zusammenschließen und einen *Organisationsvertrag* schließen (mit *Inhalt des gemeinsamen Zwecks, Festsetzung einer Förderungspflicht, Vereinbarung der Geltung der Satzung*). Es wird zuvor eine Satzung verfasst (meist geschieht dies in einem

Vorgang mit dem Organisationsvertrag). Im Anschluss daran werden die Organe des Vereins bestellt, damit dieser handlungsfähig wird. Die Bestellung der Organe richtet sich nach der Satzung.

2. Juristische Person

Der e. V. ist eine *juristische Person* = eigene Rechtspersön- **225**
lichkeit, er kann selbst Träger von Rechten und Pflichten sein. Der Erwerb der Rechtspersönlichkeit muss in der Satzung vorgesehen werden (vgl. § 57 Abs. 1 BGB). Hinzukommen muss etwas Weiteres: Entweder, wenn ein *wirtschaftlich ausgerichteter Verein* vorliegt, die staatliche Konzession (Ausnahmefall) oder beim *Idealverein* die Eintragung ins Vereinsregister (§ 21 BGB). Erforderlich hierfür ist insbes. die Antragstellung beim zuständigen Amtsgericht (§ 59 BGB) in der entsprechenden Form (§§ 77, 129 BGB). Ohne die Eintragung oder die Konzession entsteht die juristische Person nicht. Diese Form der staatlichen Mitwirkung ist erforderlich, damit sichergestellt ist, dass die zu gründende juristische Person auch den gesetzlichen Anforderungen entspricht und keine (Gläubiger-) Schutzvorschriften umgangen werden.

3. Organe

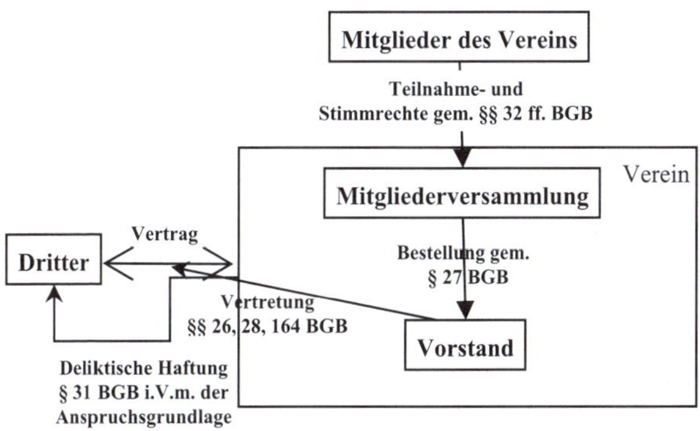

226 Der e. V. hat zwei notwendige Organe, damit er überhaupt handlungsfähig ist: den Vorstand und die Mitgliederversammlung. Zusätzliche Organe sind nach der Satzung möglich (vgl. § 25 BGB), z. B. Aufsichtsrat, Verwaltungsbeirat, Ausschüsse usw.

a) Vorstand (§§ 26 ff. BGB)

227 Der Vorstand ist notwendiges und wichtigstes Organ des Vereins. Ihm obliegt i.d.R. die Geschäftsführung (betrifft das Innenverhältnis) und die Vertretung (betrifft das Außenverhältnis). Die Kompetenzen des Vorstands sollen in der Satzung geregelt werden. Soweit nichts geregelt ist, bleibt es bei der Kompetenz der Mitgliederversammlung, § 32 Abs. 1 BGB.

Oberstes Organ des Vereins

Geschäftsführungs- und Vertretungsorgan (§§ 26–28 BGB) (Achtung: Vertretungsmacht kann durch Satzung beschränkt sein, § 26 Abs. 2 S. 2 BGB)

Wenn aus mehreren Personen bestehend, Mehrheitsentscheid, § 28 Abs. 1 BGB (kann durch Satzung abbedungen werden)
Haftung gegenüber Dritten:

- § 31 BGB i.V.m. einer Anspruchsgrundlage für Haftung des Vereins für Handlungen des Vorstands
- § 823 BGB, eigene Haftung des Vorstandsmitglieds als Privatperson

b) Mitgliederversammlung (§§ 32 ff. BGB)

228 Die Mitgliederversammlung ist ebenfalls notwendiges Organ. Sie ist das Willensbildungsorgan des Vereins. Sie hat zwingend alle Entscheidungen zu treffen, die von grundlegender Bedeutung sind, wie Änderung des Satzungszwecks und der Satzung (§ 33 BGB), Bestellung und Abberufung des Vorstands (§ 27 BGB). Sie ist das höchste Organ des Vereins. Auch hier

ist die Satzung maßgeblich für die Kompetenzzuweisung. Die Mitgliederversammlung entscheidet nach Einberufung (§§ 36, 37 BGB), soweit nicht in der Satzung etwas anderes geregelt ist, durch Beschluss mit einfacher Mehrheit der anwesenden Mitglieder (§ 32 Abs. 1 S. 3 BGB).

Willensbildungsorgan, § 32 BGB
grds. unmittelbare Entscheidung
Aufgaben:
- Bestellung und Abberufung des Vorstandes (§ 27 BGB)
- Satzungsänderungen (§ 33 BGB)
- Auflösung des Vereins (§ 41 BGB)

Willensbildung:
- Form → Beschluss, d. h. Abstimmung
- Wie → einfache Mehrheit der erschienenen Mitglieder, § 32 Abs. 1 S. 3 BGB (Ausnahmen: Satzungsänderungen mit ¾–Mehrheit; Zweckänderung: Zustimmung aller, auch der nicht erschienen Mitglieder; vgl. § 33 Abs. 1 BGB)

4. Vertretung und Haftung

a) Vertretung

Der Verein als solcher ist nicht handlungsfähig, sondern er **229**
handelt durch seine Organe. Die Vertretung ergibt sich aus der allgemeinen Regel des § 164 BGB: *eigene Willenserklärung* im *fremden Namen* mit *Vertretungsmacht.* Die Vertretungsmacht steht dem Vorstand gem. § 26 Abs. 2 BGB zu. Sie kann zwar eingeschränkt werden, § 26 Abs. 2 BGB, jedoch wirkt die Einschränkung gegenüber dem Vertragspartner nur, wenn sie im Vereinsregister eingetragen oder bekannt ist (§§ 68, 70 BGB). Neben der Vertretungsmacht obliegt dem Vorstand regelmäßig auch die Geschäftsführung (d. h. Bestimmung der Geschicke des Vereins im Innenverhältnis) gem. § 27 Abs. 3 BGB, wenn nicht durch die Satzung etwas anderes bestimmt ist. Daher ist –

wie im gesamten Gesellschaftsrecht – eine Unterscheidung zwischen Vertretung und Geschäftsführung dringend geboten.

Fall 36: Das Vorstandsmitglied (V) des Vereins Sportfreunde e.V. (S) kauft bei dem Sportfachgeschäft F eine Tischtennisplatte, ohne zu erwähnen, dass er Vorstand eines Vereins ist. Als F die Rechnung an V persönlich schickt, ist dieser irritiert. Hat F einen Anspruch gegen V auf Bezahlung?

Lösung: Die Willenserklärung, die Tischtennisplatte zu kaufen, könnte gem. § 164 BGB (nur) für und gegen den Verein wirken. Dann müsste V eine eigene Willenserklärung im fremden Namen mit Vertretungsmacht abgegeben haben. Zwar hat V einen eigenen Willen gebildet und diesen auch als Willenserklärung geäußert; auch Vertretungsmacht steht ihm gem. § 26 BGB als Organ des S zu. Jedoch hat V nicht im Namen des Vereins gehandelt. Für F war nicht erkennbar, dass V jemanden vertritt. Daher kommt der Vertrag gem. § 164 Abs. 2 BGB mit V zustande.

Dass V als Vorstandsmitglied, wenn es ein für den Verein sinnvoll getätigtes Geschäft war, gem. §§ 27, 670 BGB, die Bezahlung seiner Ausgaben für den Verein von diesem verlangen kann, ist eine andere Frage.

b) Haftung

230 Mangels Handlungsfähigkeit ist der Verein ohne eine Norm, die ihm die Handlungen seiner Organe zurechnet, nicht deliktsfähig; dies ist § 31 BGB. Bei einer schädigenden Handlung *haftet der Verein gem. §§ 823, 31 BGB*. Darüber hinaus findet § 31 BGB bei allen Gesellschaften zumindest analoge Anwendung, wenn die Gesellschaft (i.w.S.) eine organschaftliche Handlungsstruktur aufweist.

Fall 37: Das Vorstandsmitglied V des Golfvereins G geht über die Golfanlage und stellt fest, dass der Zaun der Drivingrange nicht hoch genug ist und schon einige Bälle darüber geflogen sind, und zwar auf den benachbarten Gehweg. V veranlasst trotz dieser Erkenntnis nichts. Spaziergänger S wird von einem Golfball von der Drivingrange getroffen. S fragt nach Ansprüchen gegen den Verein.

Lösung: Vorliegend trifft den Verein eine Verkehrssicherungspflicht, so dass das Unterlassen des Vereins einen Schadensersatzanspruch gem. § 823 BGB begründen kann. Dem Verein wird das Handeln und Unterlassen des Vorstandes gem. § 31 BGB zugerechnet. Die übrigen Tatbestandsmerkmale sind ebenfalls erfüllt. Der Anspruch besteht gem. §§ 823, 31 BGB.

5. Mitglieder

Die Summe der Mitglieder bildet den Verein. Mitglied des **231**
Vereins sind die Gründungsmitglieder sowie alle durch Beitritt aufgenommen Personen. Zu den wesentlichen Rechten der Mitglieder gehören die *Teilnahme* an den Mitgliederversammlungen, das *Stimmrecht*, das aktive und passive *Wahlrecht*, *Nutzungsrechte* bezüglich der Vereinseinrichtungen sowie die sonstigen in der Satzung gegenüber dem Verein vorgesehenen Rechte. Zu den Pflichten gehören primär die *Beitragspflicht* und sekundär *Treuepflichten.* Die Mitgliedschaft endet durch Tod, Austritt oder Ausschluss (§§ 38, 39 BGB).

II. Der nicht eingetragene Verein

Der nicht eingetragene Verein ist wie der e. V. korporativ, d. h. **232**
vom Mitgliederwechsel unabhängig und organschaftlich strukturiert ausgestaltet. Daher passt der Verweis in § 54 BGB auf die GbR (§§ 705 ff. BGB) nicht. Hierüber besteht Einigkeit. Daher findet das Vereinsrecht der *§§ 21 ff. BGB* auch auf den nicht eingetragenen Verein Anwendung, *soweit nicht wegen der fehlenden Eintragung* eher die Anwendung der *§§ 705 ff. BGB geboten* ist. Da der Verein mangels Eintragung aber nicht rechtsfähig ist, sind

die Regelungen der GbR hinsichtlich der Rechte und Pflichten anwendbar, d. h. *§§ 718, 719 BGB*. Das Vereinsvermögen steht allen Mitgliedern gemeinschaftlich zur gesamten Hand zu (d. h. es steht nicht jedem Einzelnen etwas zu, sondern nur allen zusammen alles). Die rechtsgeschäftliche Verpflichtung des Vereins erfolgt dementsprechend gem. §§ 54, 714, 709, 164 BGB.

233 Wichtig ist jedoch, dass bei einem nicht eingetragenen Verein auch (neben dem Verein) die *für den Verein handelnden Personen persönlich haften* (§ 54 S. 2 BGB). Auf das Vermögen nicht handelnder Mitglieder kann aber nach einhelliger Meinung *trotz § 54 S. 1 BGB nicht zugegriffen* werden. Insoweit kommen die vereinsrechtlichen Vorschriften zum Zuge (§ 26 Abs. 2 S. 1 BGB). Anderes gilt für den wirtschaftlich auftretenden Verein. Der nicht eingetragene Verein kann gem. § 50 Abs. 2 ZPO verklagt werden. Während er früher im Umkehrschluss zu § 50 Abs. 1 ZPO als nicht aktiv parteifähig angesehen wurde, muss dies seit 2001 mit der Parteifähigkeit der GbR, wegen der Verweisung in § 54 S. 1 BGB auf die GbR, anders gesehen werden.

III. Die Gesellschaft bürgerlichen Rechts – GbR §§ 705 ff. BGB

1. Einleitung

234 Die GbR ist die „Urform“ der Personengesellschaften. Bei ihr sind die Außen- und Innengesellschaft abzugrenzen.

235 Normalfall der GbR ist die *Außengesellschaft*, d. h. sie tritt als solche nach außen in Erscheinung und wird entsprechend vertreten. Ihr Kennzeichen ist daher die Einrichtung einer Vertretungsstruktur. Sie ist teilrechtsfähig.

236 Die *Innengesellschaft* (stille Beteiligung) nimmt nicht am Rechtsverkehr teil, sie tritt nach außen nicht als Gesellschaft auf. Des Weiteren darf nach h. M. kein Gesamthandsvermögen (Gesamthandsvermögen = es steht nur allen gemeinschaftlich zu, nicht einem allein und auch nicht zum Bruchteil) gebildet worden sein. Sie ist nicht (teil-)rechtsfähig.

2. Rechtsträger/Eigentümer von Vermögen

Rechtsfähigkeit = Fähigkeit selbständiger Träger von (allen) Rechten und Pflichten zu sein

Teilrechtsfähigkeit = eingeschränkte Rechtsfähigkeit, d. h. nur bestimmte Rechte können zugewiesen werden

Natürliche Personen (§ 1 BGB) und juristische Personen (z.B. GmbH, § 13 GmbHG) sind kraft Gesetzes rechtsfähig.

Es bedarf einer Norm, die „Teilrechtsfähigkeit" verleiht (z.B. § 124 HGB).

Eine solche Norm existiert in den §§ 705 ff. BGB nicht! In- **237**
folgedessen wäre die GbR nicht rechtsfähig. Während früher (BGHZ 74, 242) von der herrschenden Meinung angenommen wurde, dass die Gesellschafter (in Gesamthandsgemeinschaft) Inhaber der Rechte sind, wird heute von der h. M. und der Rspr. (seit 2001: BGH-Urteil vom 29.1.2001, BGHZ 146, 341 ff. = NJW 2001, 1056) angenommen, dass *die Gesellschaft* bei der *Außengesellschaft Inhaber der Rechte* ist. Zwar ist die heute *h. M. nicht mit den Regelungen der §§ 714, 718, 719 BGB konform*. Insoweit wird aber argumentiert, der aktuelle Gesetzgeber habe sich in neueren Vorschriften für eine entsprechende Teilrechtsfähigkeit entschieden (z. B. § 11 Abs. 2 Nr. 1 InsO, § 7 MarkG). Der Wille des historischen Gesetzgebers, wie er noch in den Normen §§ 714, 718, 719 BGB anklingt, sei damit überholt. Auch § 736 ZPO steht der Anerkennung der Rechtsfähigkeit der GbR nicht entgegen, da der Zweck der Vorschrift lediglich darin bestehe, eine Zwangsvollstreckung in das Vermögen der Gesellschaft auf Grund eines nur gegen einen Gesellschafter gerichteten Titels zu verhindern. Die heutige Sicht bedeutet nicht, dass die GbR juristische Person ist, sondern nur, dass sie teilrechtsfähig ist. Somit ist die GbR nunmehr sowohl aktiv als auch passiv prozessfähig, m. a. W. sie kann klagen und

verklagt werden. Nach der neueren Rechtsprechung des Bundesgerichtshofs kann die Gesellschaft bürgerlichen Rechts als **Gesamthandsgemeinschaft** ihrer Gesellschafter im Rechtsverkehr grundsätzlich, d. h. soweit nicht spezielle Gesichtspunkte entgegenstehen, jede Rechtsposition einnehmen (BGHZ 116, 86, 88; 136, 254, 257; im Ansatz bereits BGHZ 79, 374, 378 f.). Soweit sie in diesem Rahmen eigene Rechte und Pflichten begründet, ist sie (ohne juristische Person zu sein) rechtsfähig (vgl. § 14 Abs. 2 BGB).

Tritt nach außen nicht in Erscheinung. Ein Gesellschafter handelt, ohne dass er erkennen lässt, auch für andere Gesellschafter zu handeln.

Tritt nach außen in Erscheinung; die Gesellschafter lassen erkennen, dass für eine GbR gehandelt wird.

3. Schuldnereigenschaft der GbR

238 Der o. g. Streit setzt sich im Hinblick auf Verpflichtungen der GbR fort. Nach der nun h. M. ist Schuldnerin von Ansprüchen, die gegen die GbR begründet sind, die Gesellschaft.

4. Gesellschaftsvertrag

239 Der Gesellschaftsvertrag ist ein *schuldrechtlicher Vertrag*, der zwischen den Gesellschaftern geschlossen wird; er begründet regelmäßig Pflichten i.S.d. § 241 BGB. Folglich finden die Regelungen des allgemeinen Schuldrechts auf die Verpflichtungen der Gesellschafter untereinander Anwendung, soweit dies passt und keine spezielleren gesellschaftsrechtlichen Regelungen bestehen. Hierbei ist insbesondere zwischen in Vollzug gesetzten Gesellschaften und noch reinen Innengesellschaften zu unterscheiden. Bei noch nicht in Vollzug gesetzten Gesellschaften sind auch schuldrechtliche Regelungen anwendbar, die die Gesellschaft beseitigen (z. B. Rücktritt gem. §§ 326 Abs. 5, 323 BGB oder

Schadensersatz gem. §§ 280 Abs. 1, 3, 283 BGB). *Bei in Vollzug gesetzten Gesellschaften ist dies (schon wegen der Abwicklung der bereits begründeten Verbindlichkeiten im Außenverhältnis) nicht möglich, so dass nur die Kündigungsmöglichkeit gem. § 723 BGB besteht.*

Jedoch geht der Gesellschaftsvertrag bei den meisten Außengesellschaften über die Rechte und Pflichten der Gesellschafter hinaus und hat häufig die Schaffung einer Organisation und die Bildung eines Gesellschaftsvermögens zum Gegenstand. Der Gesellschaftsvertrag ist damit über den schuldrechtlichen Vertrag hinaus auch *Organisationsvertrag*. **240**

Für den Abschluss des Gesellschaftsvertrages bedarf es keiner Form. Eine Ausnahme besteht nur, wenn durch den Gesellschaftsvertrag Leistungen erbracht werden sollen, deren vertragliche Vereinbarung einer Form bedarf. Wenn jemand z. B. ein Grundstück einbringen soll, dann entspricht dies § 311b Abs. 1 BGB (andere wichtige Formvorschrift: § 518 BGB), so dass diese Formvorschrift eingreift. Sollte die Form nicht gewahrt sein und keine Heilung gem. § 311b Abs. 1 S. 2 BGB eintreten, so ist der Gesellschaftsvertrag gem. § 125 BGB nichtig. **241**

Eine *Ehe oder eheähnliche Lebensgemeinschaft* reicht für die Annahme eines Gesellschaftsvertrages nicht aus; nur wenn beide Partner einen weit darüber hinausgehenden Zweck vereinbaren, kann dies angenommen werden. Dies kann bei dem Aufbau eines gemeinsamen Unternehmens oder der gleichberechtigten Ausübung einer gewerblichen oder beruflichen Tätigkeit nur angenommen werden, wenn beide Partner ihre Arbeitskraft einsetzen. **242**

Die *Erbengemeinschaft* entsteht kraft Gesetzes und stellt daher keine GbR dar. **243**

5. Geschäftsführung und Vertretung

§ 709 BGB regelt die Befugnis zur Geschäftsführung, während § 714 BGB die Vertretungsmacht (und deren Umfang) regelt. Für das Verständnis von Geschäftsführung und Vertretung ist es uner- **244** lässlich, zwischen Innen- und Außenverhältnis zu unterscheiden. Innenverhältnisse sind die Beziehungen der Gesellschafter untereinander, Außenverhältnisse die Beziehungen der Gesellschaft zu Dritten.

Merke: Geschäftsführung = Innenverhältnis;
Vertretung = Außenverhältnis

Eine der wichtigsten Unterscheidungen im Gesellschaftsrecht ist die zwischen
Geschäftsführungsbefugnis und Vertretungsmacht!
Die Geschäftsführungsbefugnis stellt das Dürfen im Innenverhältnis dar.
Wenn jemand diese Befugnis überschreitet, dann macht er sich ggf. schadensersatzpflichtig gem. § 280 Abs. 1 BGB.
Auch bei Überschreitung der Geschäftsführungsbefugnis
kann ein Vertrag wirksam abgeschlossen sein.
Es kommt insoweit nicht auf das Dürfen (Geschäftsführungsbefugnis), sondern auf das rechtswirksame Können an (Vertretungsbefugnis)!

Merke:  Geschäftsführungsbefugnis = Dürfen

Vertretungsbefugnis = Können

245 Allerdings kann ein und dieselbe Handlung regelmäßig beiden Bereichen zugeordnet werden. Die Geschäftsführung kann, da sie nicht zwingend ein rechtliches Handeln sein muss, auch tatsächliche Vorgänge erfassen (Löschen eines Feuers, Öffnen der Post etc.). Die Vertretung ist stets rechtsgeschäftliches Handeln.

246 *Achtung: Wenn ein Gesellschafter für die Gesellschaft handelt, dann kann er durch seine Handlungen im Innenverhältnis seine Befugnisse überschreiten, während er im Außenverhältnis wirksam handeln konnte.*

a) Geschäftsführung

247 Zur Geschäftsführung gehören alle Maßnahmen, die dem Gesellschaftszweck dienen sollen.

aa) Personen

248 Den Grundsatz stellt § 709 BGB auf: Wenn nichts anderes im Gesellschaftsvertrag vereinbart ist, dann besteht *Gesamtgeschäftsführung*, d. h. die Gesellschafter dürfen nur gemeinsam

handeln. Im Gesellschaftsvertrag wird *häufig etwas anderes vereinbart*, um der Gesellschaft schnellere, praktikable Handlungsmöglichkeiten zu geben; ansonsten müssten die Gesellschafter immer einen gemeinsamen Willen bilden. Sofern mehr als drei Gesellschafter vorhanden sind, kann die Willensbildung für die Geschäftsführung auch nach Mehrheitsverhältnissen ausgestaltet werden, § 709 Abs. 2 BGB. Es ist möglich und in der Praxis auch üblich, dass mehreren Gesellschaftern die Möglichkeit eingeräumt wird, allein zu handeln, wobei dann ein Widerspruchsrecht gem. § 711 BGB besteht. Dies kann auch konkludent vereinbart sein.

Soweit im Gesellschaftsvertrag Mehrheitsentscheidungen für zulässig erklärt sind, fordert die ganz h.M. zum Schutz der Minderheiten, dass im Vertrag bestimmt wird, worauf sich die Mehrheitsentscheide beziehen können. Sofern ein genereller Mehrheitsentscheid vorgesehen ist, bezieht sich dieser nur auf Geschäftsführungsmaßnahmen und nicht auf Grundlagengeschäfte. **249**

bb) Inhalt

Im BGB ist keine Beschränkung der Geschäftsführung vorgesehen. Sie kann aber im Gesellschaftsvertrag vorgesehen werden, und zwar meist im Hinblick auf die laufenden Geschäfte. Da die Geschäftsführung der Förderung des vertraglichen Gesellschaftszwecks dienen soll, fallen Geschäfte, die den Gesellschaftsvertrag berühren (sog. Grundlagengeschäfte, wie Änderung des Zwecks, Aufnahme weiterer Gesellschafter etc.), nicht darunter. **250**

cc) Rechte und Pflichten

Durch § 713 BGB wird auf die §§ 664–670 BGB verwiesen, so dass der Geschäftsführer seine *Aufwendungen (*Aufwendungen = freiwillige Vermögensopfer) *gem. § 670 BGB* ersetzt bekommen kann. Andererseits muss er auch gem. §§ 713, 667 BGB dasjenige herausgeben, was er durch die Geschäftsführung erlangt (z. B. falls er Forderungen einzieht). **251**

Fall 38: Der Gesellschafter G der M-GbR (bei der Einzelgeschäftsführung vereinbart ist) kauft für den gemeinsamen Hobbyraum der GbR ein Vorhängeschloss, weil mehrfach Gerätschaften der GbR aus dem Raum entwendet wurden. Kosten: 12 Euro. Nun möchte er die Summe ersetzt haben.

Lösung: Der Kauf des Schlosses stellt eine Geschäftsführungshandlung dar, so dass sich die Rechte des G aus § 713 BGB ergeben; dieser verweist auf § 670 BGB. Gem. § 670 BGB müssen Aufwendungen vorliegen, die G für erforderlich halten durfte. Aufwendungen sind freiwillige Vermögensopfer. Zwar zahlte G nicht freiwillig, sondern weil er durch den von ihm abgeschlossenen Kaufvertrag verpflichtet war. Da der Kauf des Schlosses jedoch Sache der GbR war und aus der GbR-Kasse hätte bezahlt werden müssen, ist die Freiwilligkeit im Gesellschaftsrecht weiter zu verstehen als im allgemeinen Zivilrecht. Es besteht Einigkeit darüber, dass ein Gesellschafter immer dann freiwillig i.S.d. § 670 BGB handelt, wenn die Verbindlichkeit aus der Gemeinschaftskasse hätte beglichen werden müssen. G kann die Kosten ersetzt verlangen. (Zugleich hat die GbR einen Anspruch auf Herausgabe des Schlosses gem. § 667 BGB.)

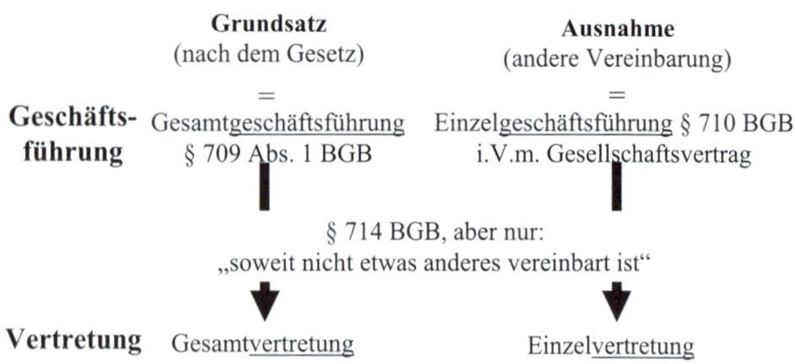

dd) Kontrolle

252 Die Geschäftsführung unterliegt zwar keinen Weisungen, kann aber gem. § 716 BGB kontrolliert werden. Die Geschäftsführung kann gem. § 712 BGB bei einem entsprechenden Grund entzogen werden.

b) Vertretungsmacht

Ob Vertretungsmacht besteht und in welchem Umfang, richtet sich nach dem Gesellschaftsvertrag. Nur wenn in diesem nichts geregelt ist, kann auf die Zweifelsregel des § 714 BGB zurückgegriffen werden. **253**

Wegen des grundsätzlichen *Gleichlaufs von Geschäftsführung und Vertretung* bei der GbR (anders bei der OHG) durch § 714 BGB muss sich der Vertragspartner über den Gesellschaftsvertrag informieren. Die Vertretungsmacht kann gem. §§ 714, 715, 712 BGB entzogen werden. **254**

Fall 39: An der M-GbR sind die Gesellschafter A, B und C beteiligt. Der Gesellschaftsvertrag enthält als Zweck die gemeinsame Teilnahme an Trödelmärkten. Eine in kaufmännischer Weise geführte Buchführung ist nicht erforderlich. Zugleich steht im Gesellschaftsvertrag zur Geschäftsführungsbefugnis, dass alle Gesellschafter berechtigt sind, allein zu handeln; zur Vertretungsbefugnis findet sich keine Regelung.

A ist die Fahrerei zu den Märkten mit dem alten VW-Bulli leid. Er beschließt, ein standesgemäßes Gefährt zu kaufen. Er kauft im Namen der M-GbR einen Mercedes SLK (Sportcabrio). Händler H verlangt von der GbR Zahlung.

Lösung: Ob die M-GbR verpflichtet wurde, richtet sich nach § 164 BGB. A müsste eine eigene Willenserklärung, im fremden Namen, mit Vertretungsmacht abgegeben haben. A erklärte, den Pkw kaufen zu wollen (eigene Willenserklärung); auch erklärte er, für die M-GbR zu handeln (im fremden Namen). Fraglich ist allein die Vertretungsmacht. Diese richtet sich nach dem Gesellschaftsvertrag. Der Gesellschaftsvertrag besagt nichts zur Vertretungsmacht, sondern nur zur Geschäftsführungsbefugnis. Jedoch ist gem. § 714 BGB im Zweifel davon auszugehen, dass bei der GbR beide Befugnisse gleichgeschaltet sind. A hatte somit Einzelvertretungsmacht, so dass er die GbR generell alleine verpflichten kann. Jedoch bezog sich die Geschäftsführungsbefugnis nur auf den gemeinsamen Zweck der Teilnahme an einem Trödelmarkt. Dieser Zweck wird hier überschritten, da der Kauf eines Cabrios mit diesem Zweck nichts mehr zu tun hat. A hat somit die Geschäftsführungsbefugnis überschritten und wegen der Gleichschaltung gem. § 714 BGB somit auch die Vertretungsbefugnis. D. h. A handelte ohne Vertretungsmacht, die GbR ist nicht verpflichtet. Es haftet nur A gem. §§ 179, 433 Abs. 2 BGB.

6. Gesellschafter

255 Die *Beitragspflicht* der Gesellschafter erfolgt unmittelbar aus dem *Gesellschaftsvertrag* (Auslegungshilfen in § 706 BGB). Ein Gesellschafter hat sein Verhalten an der *ungeschriebenen Treuepflicht* zu orientieren (d. h. er darf die Gesellschaft nicht schädigen etc.). Für den Fall, dass er eine ihm obliegende Verpflichtung (insbesondere Geschäftsführungspflichten) verletzt, haftet er gem. § 280 Abs. 1 BGB, wobei allerdings durch *§ 708 BGB eine Haftungserleichterung* (diligentia quam in suis, §§ 276 Abs. 2, 277 BGB) besteht, wenn nicht im Gesellschaftsvertrag etwas anderes vorgesehen ist.

a) Gewinne

256 Die Gewinne sind nach dem Gesellschaftsvertrag zu verteilen; wenn nichts bestimmt ist, nach Köpfen und jährlich, §§ 721, 722 BGB. Bei Auflösung wegen Kündigung erfolgt eine Auseinandersetzung gem. § 739 BGB, wobei die Einlagen zurückzuerstatten sind (§ 733 BGB) und ein evtl. vorhandener Gewinn gem. §§ 722, 734 BGB zu verteilen ist.

b) Actio pro socio (gilt für alle Personengesellschaften)

257 Da die GbR Inhaber der Rechte ist (s. o.), muss sie Ansprüche geltend machen und diese einklagen. Wenn aber ein Gesellschafter Verpflichteter ist, dann besteht die Gefahr, dass er als

Gesellschafter dagegen votiert, diese Forderung beizutreiben. Ein Gesellschafter kann daher gegen einen anderen auf Erfüllung seiner Verbindlichkeiten gegenüber der Gesellschaft (zur Geldzahlung, aber auch zur Erbringung anderer Leistungen) klagen, auch ohne hierzu durch den Gesellschaftsvertrag ermächtigt zu sein. Dies kann er im Namen der Gesellschaft, da sonst eine Durchsetzung unmöglich wäre. Es liegt ein Fall der Prozessstandschaft vor, da der Gesellschafter ein fremdes Recht im eigenen Namen geltend macht. Gleiches gilt bei den anderen Personengesellschaften.

c) Ausscheiden eines Gesellschafters

Verstirbt ein Gesellschafter, so wird die GbR grundsätzlich **258** gem. § 727 Abs. 1 BGB aufgelöst, wenn nicht im Gesellschaftsvertrag etwas anderes geregelt ist. Es ist somit in diesem Fall zu prüfen, ob die gesetzliche Regelung der Auflösung durch eine Eintrittsklausel, eine einfache Nachfolgeklausel oder eine qualifizierte Nachfolgeklausel verdrängt wird. Im Falle der Eintrittsklausel sind die Gesellschafter verpflichtet, mit dem Erben (oder sonst Bestimmten) einen Aufnahmevertrag abzuschließen. Bei einer einfachen Nachfolgeklausel wird der Erbe im Wege der Universalsukzession (§ 1922 BGB) Gesellschafter. Von einer qualifizierten Nachfolgeklausel spricht man, wenn mehrere Erben existieren, aber nur einer Gesellschafter werden soll. In diesem Fall geht nach h.M. der Gesellschaftsvertrag dem Erbrecht vor. Die Miterben haben nur einen Ausgleichsanspruch gegen den Eintretenden (die Rechtsgrundlage hierfür ist streitig, §§ 2048, 2050 BGB analog oder Rechtsfortbildung).

Sofern der Gesellschaftsvertrag eine Fortsetzungsklausel **259** (Fortsetzungsklausel = Vereinbarung, dass die Gesellschaft auch bei Ausscheiden eines Gesellschafters fortgeführt wird) enthält, kann ein Gesellschafter auch unfreiwillig ausscheiden, indem er gem. § 737 BGB von den anderen Gesellschaftern ausgeschlossen wird, wenn ein wichtiger Grund vorliegt.

260 Scheidet ein Gesellschafter aus, ohne dass die Gesellschaft aufgelöst wird, so wächst sein Anteil den übrig gebliebenen Gesellschaftern zu, und er kann Rückgabe der zur Benutzung überlassenen Gegenstände verlangen. Ferner kann er einen hypothetischen Auseinandersetzungsanspruch geltend machen (§§ 738 Abs. 1 S. 2, 731, 732 BGB). Wenn Verlust anfällt, dann muss er diesen anteilig tragen, § 739 BGB.

7. Verbindlichkeiten/Haftung der Gesellschaft

a) Außenverhältnis

261 Vertragliche Verbindlichkeiten werden mittels *Stellvertretung* durch die Gesellschafter begründet. Verschuldensabhängige *Schadensersatzansprüche aus Vertrag* gegenüber der GbR bestehen gem. *§ 280 BGB*, wobei das Verschulden der Gesellschafter oder von Personen, derer sie sich bedienen, gem. *§ 278 BGB zugerechnet* wird (teilweise wird auf die analoge Anwendung des § 31 BGB abgestellt).

262 Die *deliktische Haftung* bei Tätigwerden der Gesellschafter wird von der h.L. über die Handlungszurechnung des *§ 31 BGB in analoger* Anwendung angenommen. Die Rechtsprechung, die früher die analoge Anwendung des § 31 BGB ablehnte (BGH Urteil vom 24.2.2003, BGHZ 154, 88 ff.), folgt nunmehr der Auffassung der Literatur, d. h. Ansprüche des Geschädigten bestehen gem. §§ 823, 31 BGB analog. Ein Anspruch gem. § 831 BGB besteht nicht, da ein Gesellschafter kein Verrichtungsgehilfe ist; es fehlt an der Weisungsgebundenheit.

263 Ob durch die Verbindlichkeiten der Gesellschaft zugleich auch die Gesellschafter verpflichtet werden, ist seit langem streitig. Während früher von der h.M. angenommen wurde, dass die Verpflichtung der Gesellschaft zugleich auch eine (zusätzliche, ideal konkurrierende) Verpflichtung der Gesellschafter begründe, hat sich die Rspr. mittlerweile der Auffassung angeschlossen, dass die *Verbindlichkeit gegenüber der Gesellschaft* besteht und die *Gesellschafter akzessorisch haften, analog § 128 HGB*. Hier bestand der größte Unterschied zur Doppel-

verpflichtungslehre. Nach dieser wurden die Gesellschafter neben der Gesellschaft rechtsgeschäftlich (durch Stellvertretung) verpflichtet. Hierdurch konnte jedoch keine Haftung für Delikt begründet werden.

§ 128 HGB gilt aber nur gegenüber Dritten, nicht gegenüber **264**
anderen Gesellschaftern.

Bei neu hinzutretenden Gesellschaftern besteht analog § 130 **265**
HGB eine Haftung für vor dem Eintritt begründete Verbindlichkeiten; so jetzt auch der BGH (Urteil vom 7. 4. 2003, BGHZ 154, 370 ff.). Nähme man keine Haftung an, so wäre es möglich, dass alle alten Gesellschafter ausgeschieden sind und gem. § 736 Abs. 2 BGB i.V.m. § 160 HGB nicht mehr haften; wenn neue auch nicht haften würden, gäbe es Konstellationen, in denen niemand haften würde. Die Eintrittshaftung ist ein allgemeiner Gedanke des Gesellschaftsrechts (vgl. §§ 130, 173 HGB, 8 Abs. 1 PartGG, Art. 26 Abs. 2 EWIV-VO).

Die akzessorische Haftung führt nicht zu einer Gesamtschuld **266**
von Gesellschaft und Gesellschafter. Es fehlt an der Gleichstufigkeit der Verpflichtung, so dass § 425 BGB nicht eingreift. Die Gesellschafter sind aber Gesamtschuldner, § 421 BGB.

Die Gesellschafter können nach h.M. auch auf Erfüllung der **267**
Leistung in Anspruch genommen werden, d. h. nicht nur auf Geldzahlung (soweit ihnen die Leistung möglich ist).

Es ist hinsichtlich der Vollstreckung stets sinnvoll, sowohl **268**
die Gesellschaft als auch die Gesellschafter zu verklagen, damit man möglichst in alle verfügbaren Vermögensmassen vollstrecken lassen kann und die Gesellschafter nicht als Zeugen auftreten können.

Fall 40: Die M-GbR besteht aus A, B und C. Sie verkauft am 30.10. im Rahmen ihres Gesellschaftszwecks ihren gemeinsamen VW-Bulli, um Kapital für weitere Unternehmungen aufzubringen. Am 10.12. stellt sich heraus, dass der Wagen Mängel hat. Der am 1.11. eingetretene Gesellschafter D wusste nichts von dem Kaufvertrag. Am 15.12. fordert der Käufer K (berechtigterweise) Minderung gem. §§ 433, 434,

437 Nr. 2, 441 BGB in Höhe von 1.000 Euro. K fragt sich, ob er sich – da A, B und C vermögenslos sind – an den solventen D halten kann.

Lösung: Analog § 128 HGB kann sich ein Gläubiger nach h. M. an die einzelnen Gesellschafter halten, da diese für die Verbindlichkeiten der Gesellschaft einstehen müssen. Hier besteht eine Verbindlichkeit der M-GbR. Allerdings muss der Gesellschafter hierfür z. Z. der Anspruchsentstehung Gesellschafter gewesen sein. Dies war nicht der Fall. Jedoch wird die Haftung eines eintretenden Gesellschafters analog § 130 HGB auch auf bestehende Verbindlichkeiten – selbst wenn er davon keine Kenntnis hatte – erweitert. Somit haftet D gem. §§ 130, 128 HGB analog i.V.m. §§ 705, 433, 434, 437 Nr. 2, 441 BGB in Höhe von 1.000 Euro.

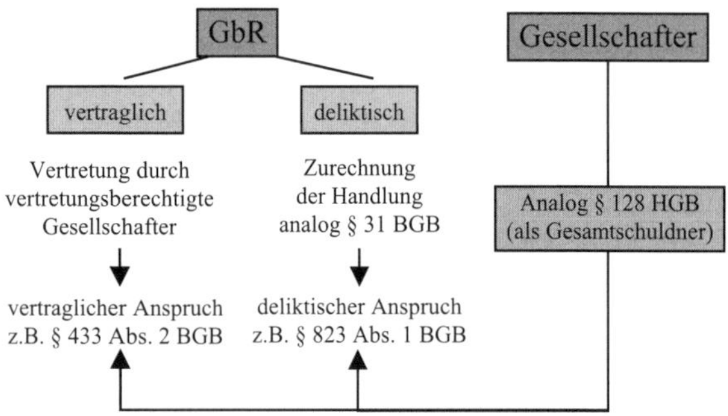

b) Aufwendungsersatz/Innenverhältnis

269 Der Geschäftsführer soll nicht auf den Kosten für die GbR sitzen bleiben. Daher verweist § 713 BGB auf die §§ 664 – 670 BGB, so dass der Geschäftsführer seine *Aufwendungen* (= freiwillige Vermögensopfer) *gem. § 670 BGB* ersetzt bekommen kann. Tritt ein Gesellschafter in eine GbR ein und wird er analog § 130 HGB in Anspruch genommen, so kann er die ganze Summe als Aufwendungen ersetzt bekommen und nicht nur anteilig entspre-

chend seinem Geschäftsanteil. Allerdings kann im Beitrittsvertrag eine (Teil-) Übernahme von Altverbindlichkeiten vereinbart werden.

Andererseits muss der Geschäftsführer auch gem. §§ 713, 667 BGB dasjenige herausgeben, was er durch die Geschäftsführung erlangt (z.B. falls er Forderungen einzieht). **270**

8. Beendigung der Gesellschaft

Auflösungstatbestände sind die Kündigung durch einen Gesellschafter (§§ 723, 724 BGB), Kündigung durch Gläubiger nach Pfändung (§ 725 BGB), Zweckerreichung oder -verfehlung (§ 726 BGB), Tod eines Gesellschafters (§ 727 BGB) und die Eröffnung des Insolvenzverfahrens (§ 728 BGB). Ungeschriebenes Tatbestandsmerkmal ist der Auflösungsbeschluss. **271**

Hinweis: *Die §§ 723, 724, 727, 728 BGB sind dispositiv, d. h. im Gesellschaftsvertrag kann etwas anderes bestimmt werden. Auch kann trotz eines Auflösungstatbestandes durch Beschluss der Gesellschafter die Gesellschaft fortgeführt werden.* **272**

Die Gesellschaft wird durch eine Kündigung aufgelöst, aber sie ist dadurch noch nicht beendet. Bis zur Auseinandersetzung besteht sie fort mit dem Zweck der Auseinandersetzung, § 730 Abs. 2 BGB. Die konkrete Ausgestaltung der Auseinandersetzung obliegt der Vereinbarung der Gesellschafter. Wenn diese nichts bestimmen oder sich nicht einigen können, dann kommen die Regeln der §§ 732 ff. BGB zur Anwendung, vgl. § 731 S. 1 BGB. **273**

9. Exkurs: ARGE

Keine eigene Gesellschaftsform ist die ARGE. ARGE ist eine Abkürzung für Arbeitsgemeinschaft. Die Bezeichnung wird von verschiedenen Gesellschaften verwendet. Als eigenständiger Rechtsbegriff bezeichnet die ARGE einen Zusammenschluss von Fachunternehmen auf vertraglicher Grundlage mit **274** dem Zweck, einen Bauauftrag gemeinsam durchzuführen. Bei dieser ARGE handelt es sich um eine Gesellschaft bürgerlichen Rechts.

Zusammenfassung zur GbR:
- Gesellschaftsvertrag (formfrei möglich)
- gemeinsamer Zweck
- Pflicht zur Förderung (insbes. Beiträge)
- Abgrenzung zur OHG:
    - kein vollkaufmännisches Handelsgewerbe, § 1 HGB
    - keine Firma; nur Geschäftsbezeichnung
    - Status: Teilrechtsfähigkeit + akzessorische Haftung

IV. Die offene Handelsgesellschaft – OHG §§ 105 ff. HGB

1. Einleitung

275 Die OHG ist eine *besondere Form der GbR*. Dies wird dadurch deutlich, dass § 105 Abs. 3 HGB auf die Vorschriften der GbR verweist. D. h. es müssen die Voraussetzungen einer GbR vorliegen, der Gesellschaftszweck muss der *Betrieb eines Handelsgewerbes* (der Gewerbebegriff ist streitig, vgl. auch Rn. 13; jedenfalls im Rahmen der OHG ist er jedoch nahezu unstreitig; jede auf Dauer angelegte selbständige (str., s. Rn. 16) Tätigkeit, die mit Gewinnerzielungsabsicht betrieben wird und nicht freier Beruf oder Urproduktion ist) *unter einer Firma* (Firma ist gem. § 17 HGB der Name der Gesellschaft), d. h. für § 105 HGB ist es ausreichend, dass die Gesellschaft **einen** Namen führt. Ob ein gewählter Name zulässig ist, richtet sich nach den §§ 18 ff. HGB. Es muss auf jeden Fall der Zusatz OHG (oder in ausgeschriebener Form) enthalten sein, § 19 Abs. 1 Nr. 2 HGB) sein (in Abgrenzung zur GbR) und die Gesellschafter müssen den Gläubigern *unbeschränkt haften* (in Abgrenzung zur KG, vgl. § 128 HGB). Hierbei ist jedes Gewerbe grds. Handelsgewerbe, vgl. § 1 Abs. 2 HGB, es sei denn, eine kaufmännische Betriebsform ist nicht erforderlich (Kasuistik bei *Brüggemann* in Großkommentar zum HGB § 4 Rn. 10). Aufgrund der Negativformulierung besteht eine Vermutung zugunsten der Erforderlichkeit.

Liegen die Voraussetzungen der OHG vor, so müssen sich die Gesellschafter als OHG in das Handelsregister eintragen lassen, § 106 HGB. Sollte es an der kaufmännischen Betriebsform mangeln, so kann sich die Gesellschaft trotzdem als OHG in das Handelsregister eintragen lassen, §§ 2, 105 Abs. 2 HGB (in diesem Fall entsteht die OHG erst mit Eintragung, bis dahin ist sie GbR). **276**

Die OHG ist – wie die GbR – *keine juristische Person*, sondern *teilrechtsfähige* Wirkungseinheit der Gesellschafter. Gesellschafter können nach dem Baukastenprinzip nicht nur natürliche Personen, sondern auch alle Gesellschaftsformen sein. Aufgrund der Verweisung in § 105 Abs. 3 HGB sind viele Vorschriften der GbR anwendbar (Beitragsleistung: §§ 705–707 BGB, Gesellschaftsvermögen: §§ 718–720 BGB, Ausscheiden der Gesellschafter: §§ 738–740 BGB). **277**

Ab wann eine OHG existiert, ist differenziert zu betrachten. Im Verhältnis der Gesellschafter zu einander richtet sich dies nach §§ 109 ff. HGB. Im Außenverhältnis (Dritten gegenüber) entsteht die OHG entweder mit Eintragung (§ 123 Abs. 1 HGB) oder wenn die Geschäfte mit Zustimmung aller aufgenommen werden (§ 123 Abs. 2 HGB). **278**

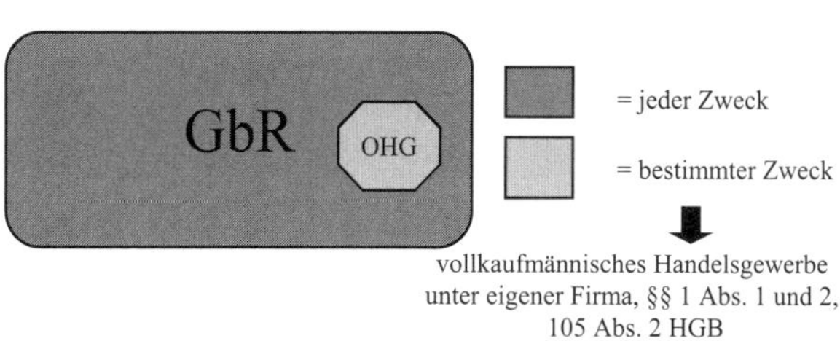

2. Wichtige Folgen der Kaufmannseigenschaft

279 Die OHG ist gem. § 6 Abs. 1 i.V.m. §§ 1 ff. HGB Kaufmann. Hieraus folgt, dass sie einigen Besonderheiten unterliegt.

280 Bürgschaften erfordern grundsätzlich Schriftform, § 766 BGB. Bei einer OHG ist dies nicht erforderlich, wenn die Bürgschaft im Interesse der Gesellschaft vorgenommen wird. Dann ist die Bürgschaft für die OHG ein Handelsgeschäft i.S.d. § 343 HGB, gem. § 350 HGB ist keine Schriftform erforderlich.

281 Eine überhöhte Vertragsstrafe kann unter Nichtkaufleuten kraft Richterspruch auf eine angemessene Summe herabgesetzt werden; wenn ein Gesellschafter für die OHG eine Vertragsstrafe vereinbart, dann ist eine gerichtliche Herabsetzung der Vertragsstrafe gem. § 348 HGB ausgeschlossen.

3. Geschäftsführung

282 Auch hier gilt: *Geschäftsführung = Innenverhältnis*; *Vertretung = Außenverhältnis*. Die Trennung ist bei der OHG deutlicher im Gesetz ausgedrückt (§§ 114–119 HGB Rechtsverhältnis der Gesellschafter untereinander; §§ 125–127 HGB Rechtsverhältnis der Gesellschafter zu Dritten).

a) Personen

283 Es besteht jedoch im Grundsatz ein Unterschied zur GbR. Bei der GbR ist ohne weitere Vereinbarung eine Gesamtgeschäftsführung anzunehmen, § 709 BGB, bei der OHG hingegen gem. § 115 HGB *Einzelgeschäftsführungsbefugnis*.

284 Die §§ 109, 114 Abs. 2 HGB sehen zwar Geschäftsführungsbefugnis und -verpflichtung für alle Gesellschafter vor, d. h. *alle dürfen und müssen, aber i.d.R. darf jeder allein*. Allerdings ist im Gesellschaftsvertrag Gesamtgeschäftsführung vereinbar. Sollte bei Gesamtgeschäftsführung jedoch Gefahr im Verzug eintreten, dann darf ein Gesellschafter auch allein handeln, § 115 Abs. 2 HGB.

Ist ein Gesellschafter nach § 114 Abs. 2 HGB von der Geschäftsführung ausgeschlossen, so bleibt jedoch die Befugnis, im Notfall analog § 744 Abs. 2 BGB zu handeln. 285

Grundsatz (nach dem Gesetz)	**Ausnahme** (andere Vereinbarung)
=	=
Einzel**geschäftsführung** §§ 114, 115 Abs. 1 HGB	Gesamt**geschäftsführung** § 115 Abs. 2 HGB i.V.m. Gesellschaftsvertrag
Aber: Widerspruchsrecht gegen konkrete Geschäfte § 115 Abs. 1 HGB	Ausschluss einzelner Gesellschafter möglich § 114 Abs. 2 HGB
Umfang: nur gewöhnliche Geschäfte § 116 Abs. 1 HGB	
ungewöhnliche Geschäfte § 116 Abs. 2 HGB → Gesellschafterbeschluss	
Erteilung einer Prokura: Zustimmung aller geschäftsführungsbefugter Gesellschafter § 116 Abs. 3 HGB	

b) Inhalt

Als Schutz für die anderen Gesellschafter angesichts der grds. bestehenden Einzelgeschäftsführungsbefugnis sieht § 115 Abs. 1 Halbs. 2 HGB ein *Widerspruchsrecht* vor. Im Falle der Zuwiderhandlung kann dem widersprechenden Gesellschafter ein verschuldensabhängiger Schadensersatzanspruch zustehen. Bei gravierenden Verstößen können Sanktionen gem. §§ 117, 133, 140 HGB gerechtfertigt sein (Ausschluss von der Geschäftsführung, Kündigung der Gesellschaft, Ausschluss des Gesellschafters). 286

Bei der grds. vorgesehenen Einzelgeschäftsführungsbefugnis richtet sich die *Reichweite nach § 116 Abs. 1 HGB*. Zulässig sind Geschäfte, die der *gewöhnliche Betrieb* des Handelsgewerbes der Gesellschaft mit sich bringt. Hierbei ist auf die konkrete OHG zu schauen. Bei darüber hinausgehenden Geschäften ist ein Gesellschafterbeschluss erforderlich, § 116 Abs. 2 HGB. Verstößt ein Gesellschafter hiergegen, so kann er sich gem. § 280 Abs. 1 BGB schadensersatzpflichtig machen. Wegen der herausragenden Bedeutung der Prokura ist bei Erteilung von Prokura gem. § 116 Abs. 3 HGB die Zustimmung aller geschäftsführenden Gesellschafter erforderlich. 287

c) Entgelt

288 Gehalt wird für die Geschäftsführung ohne vertragliche Regelung nicht geschuldet. In der Praxis wird dies aber im Gesellschaftsvertrag festgelegt.

4. Vertretung

a) Personen

289 Die Vertretung erfolgt – wie bei der GbR – nach den Regeln der §§ 164 ff. BGB. Während bei der GbR die Gesamtvertretung die Regel ist (§§ 714, 709 BGB), ist bei der OHG die *Einzelvertretung* die Regel, § 125 Abs. 1 HGB.

Fall 41: Die aus A, B und C bestehende N-OHG befasst sich mit dem Verkauf von Zigarettenautomaten und deren Beschickung. A beabsichtigt, eine große Menge Zigaretten preisgünstig von dem polnischen Hersteller V für die OHG zu erwerben. B äußert sich skeptisch, da die Zigaretten sehr günstig sind. Außerdem meint er, diese große Menge sei nicht absetzbar. Daher bespricht er sich mit C; daraufhin widersprechen B und C gemeinsam dem Kauf. A, der meint, man müsse auch mal ein Risiko eingehen, kauft die Zigaretten trotzdem. V verlangt von der OHG die Abnahme und Zahlung der Zigaretten.

Lösung: Fraglich ist, ob die OHG beim Kaufvertrag durch A ordnungsgemäß vertreten war. Mangels Angaben im Sachverhalt bleibt es bei der gesetzlichen Regel der Einzelvertretung gem. § 125 Abs. 1 HGB, so dass A die erforderliche Vertretungsmacht hatte. Fraglich ist, wie sich der Widerspruch der Mitgesellschafter auswirkt. Der Kauf war sowohl eine Vertretungshandlung als auch eine Geschäftsführungshandlung. Gem. § 115 Abs. 1 HGB muss eine Geschäftsführungshandlung bei Widerspruch unterbleiben. Dies bezieht sich aber nur auf die Geschäftsführungsberechtigung im Verhältnis der Gesellschafter untereinander und nicht auf

Außenverhältnisse zu Dritten. Der Vertragsschluss entgegen dem Widerspruch ist eine Vertragsverletzung des A gegenüber B und C, aber gegenüber V wirksam. Die OHG muss zahlen. B und C haben jedoch ggf. einen Schadensersatzanspruch gegen A.

Eine von der Einzelvertretung abweichende gesellschaftsver- 290
tragliche Regelung ist gem. § 125 Abs. 2 HGB möglich. Sie muss gem. §§ 106 Abs. 2 Nr. 4, 107 HGB in das Handelsregister eingetragen werden. Daraus folgt, dass sich die OHG bis zu einer entsprechenden Eintragung – wegen der Publizitätswirkung des Handelsregisters gem. § 15 Abs. 1 HGB – die Einzelvertretungsbefugnis entgegenhalten lassen muss.

Die Vertretungsmacht kann nicht im Außenverhältnis be- 291
schränkt werden, § 126 Abs. 2 HGB. Sie umfasst alle Geschäfte nach außen mit Ausnahme sog. Grundlagengeschäfte, d. h. Geschäfte, die den Bestand der Gesellschaft berühren.

Grundsatz (gesetzl.)	**Ausnahme**
=	=
Einzel**vertretung** § 125 Abs. 1 HGB	Ausschluss einzelner Gesellschafter von der **Vertretung** möglich § 125 Abs. 1 HGB oder Gesamtvertretung § 125 Abs. 2 HGB i.V.m. Gesellschaftsvertrag
Umfang: **alle** Geschäfte § 126 Abs. 1 HGB (außer Grundlagengeschäfte)	
Beschränkungen sind im Außenverhältnis **unwirksam** § 126 Abs. 2 HGB	oder gemischte/unechte Gesamtvertretung § 125 Abs. 3 HGB HGB Problem: Selbstorganschaft → **eintragungspflichtig!** **§ 106 Abs. 2 Nr. 4 HGB**

Fall 42: Bei der O-OHG besteht Gesamtvertretung. Diese wurde nicht in das Handelsregister eingetragen. Als Gesellschafter A einen Vertrag über eine Fertiglagerhalle mit K (der die Vertretungsverhältnisse kennt) abschließt, fragt K,

nachdem die anderen Gesellschafter die Zustimmung verweigern, nach seinen Ansprüchen auf Lieferung.

Lösung: A hat wegen der Gesamtvertretung keine Vertretungsmacht, jedoch ist eine vom Gesetz abweichende Vertretung ins Handelsregister einzutragen, §§ 106 Abs. 2 Nr. 4, 107 HGB. Gem. § 15 Abs. 1 HGB könnte sich K auf diese fehlende Eintragung berufen, wenn er keine positive Kenntnis der Umstände hat. Hier wusste K aber Bescheid, so dass er sich nicht auf den Rechtsschein des Registers berufen kann.

292 Eine geschickte Auflösung des Problems ist, dass im Gesellschaftsvertrag eine Gesamtvertretung vereinbart wird, die Gesellschafter sich aber für bestimmte Geschäfte via Vollmacht gem. § 125 Abs. 2 S. 2 HGB berechtigen, allein zu vertreten.

293 Eine nachträgliche Entziehung der Vertretungsmacht ist gem. § 127 HGB möglich, jedoch sind daran hohe Anforderungen zu stellen. Die Entziehung erfolgt aufgrund Klage durch Gestaltungsurteil.

294 Die organschaftliche Vertretungsbefugnis ist zudem gem. § 106 Abs. 2 Nr. 4 HGB generell ins Handelsregister einzutragen (wichtig wegen der Publizitätswirkung des Handelsregisters, § 15 HGB).

b) Vertretungsmacht

295 Wie oben ausgeführt, darf ein geschäftsführender Gesellschafter die Grenzen seiner Geschäftsführungsbefugnis (aus § 116 HGB) nicht überschreiten. Dies berührt jedoch nicht die Wirksamkeit seiner Vertretungsmacht (§ 126 HGB). Das ist von besonderer Bedeutung, da die Vertretungsmacht gegenüber Dritten im Gesellschaftsvertrag nicht eingeschränkt werden kann (§ 126 Abs. 2 HGB). Eine Ausnahme gilt nur beim Betrieb mehrerer Niederlassungen bei Beschränkung auf diese Betriebe, § 126 Abs. 3 i.V.m. § 50 Abs. 3 HGB. Man muss also streng zwischen Dürfen und Können unterscheiden. Sofern ein Gesellschafter die Unbeschränktheit der Vertretungsmacht mit einem Dritten gemeinsam ausnutzt (abgesprochene Geschäfte zu Lasten der Gesellschaft), sind diese Geschäfte sittenwidrig und damit nichtig, § 138 BGB (Kollusion). Auch für den Fall, dass der Dritte das bewusste Schädigen der OHG mit Vertretungsmacht erkennt oder grob fahrlässig verkennt, wird Unwirksamkeit des Geschäfts angenommen, wobei die dogmatische Einordnung str. ist (§ 242 BGB oder Fehlen der Vertretungsmacht).

5. Dritte als Geschäftsführer und Vertreter der Gesellschaft

Zwar sind die Gesellschafter einer OHG zwingend Inhaber der **296**
organschaftlichen Befugnisse, jedoch können diese zur Ausübung Dritten überlassen werden. Daher kann eine OHG einen Dritten als Geschäftsführer haben. Da aber lediglich die Ausübung überlassen werden kann, müssen die Gesellschafter Geschäftsführer bleiben. Die Erteilung von Vertretungsmacht ist als Generalvollmacht oder nach §§ 48 ff. HGB als Prokura oder Handlungsvollmacht möglich, wobei diese natürlich nicht weitergehen können, als die eigene Vertretungsmacht der einzelnen Gesellschafter (Grenze § 126 HGB). Es gilt jedoch der Grundsatz der *Selbstorganschaft*, d. h. es muss mindestens eine organschaftliche Geschäftsführungs- und Vertretungsbefugnis bestehen, die unabhängig von Dritten ist, damit die Gesellschaft nicht von einem Nichtgesellschafter abhängig ist, obwohl die Gesellschafter persönlich haften (§ 128 HGB).

6. Gesellschafterrechte und -pflichten

a) Verwaltungsrechte

Die Rechte lassen sich auch hier in Verwaltungsrechte und mo- **297**
netäre Rechte aufteilen. Die wichtigsten Verwaltungsrechte sind die *Stimmrechte* bei Beschlüssen, die gem. § 116 Abs. 2 HGB erforderlich sein können. Ohne eine im Gesellschaftsvertrag abweichende Regelung ist bei Beschlüssen Einstimmigkeit erforderlich (§ 119 HGB), so dass dem Stimmrecht große Bedeutung zukommt. Es ist nicht ohne Gesellschafterstellung übertragbar

(§§ 105 Abs. 3 HGB, 717 BGB). Aufgrund der für den Gesellschaftsvertrag geltenden Vertragsfreiheit können Mehrheitsentscheidungen bei den Beschlüssen vorgesehen werden. Um die Minderheitsgesellschafter zu schützen, forderte die Rspr., dass sich aus dem Vertrag ergeben muss, ob sich dies auch auf Satzungsänderungen beziehen soll. Der sog. *Bestimmtheitsgrundsatz* erforderte, dass die Bereiche, die über die Geschäftsführung hinausgehen, konkret benannt werden, wenn eine Mehrheitsentscheidung vorgesehen wird. Der Bestimmtheitsgrundsatz wurde jedoch in dieser Form jüngst aufgegeben (BGH NJW 2015, 859 ff.).

Auch ist eine schrankenlose Abhängigkeit der Minderheiten durch die Vereinbarung eines generellen Mehrheitsbeschlusses – abweichend vom Einstimmigkeitserfordernis – gem. § 138 BGB sittenwidrig.

b) Treuepflicht

298 Die Treuepflicht der Gesellschafter ergibt, dass sie nicht ohne Genehmigung einander Konkurrenz machen dürfen, so dass § 112 HGB einen Unterlassungsanspruch vorsieht. Der Unterlassungsanspruch erfasst nicht nur das Betreiben eines Konkurrenzunternehmens, sondern jede geschäftliche Betätigung (d. h. auch für einen andern in diesem Bereich tätig zu werden). Bei schon getätigten Geschäften kann gem. § 113 HGB Schadensersatz gefordert werden, oder die OHG kann in die Geschäfte eintreten. Für beides ist ein Verschulden des konkurrenzmachenden Gesellschafters erforderlich. (Hinweis: für einen Kommanditisten bei der KG wird gem. § 165 HGB nicht auf §§ 112, 113 HGB verwiesen.)

c) Gewinn- und Verlustbeteiligung

299 Für die Verteilung des Gewinns (§ 121 HGB) ist die Bilanz entscheidend. Gem. § 120 HGB wird mittels Bilanz der Gewinn und der Verlust für das jeweilige Geschäftsjahr ermittelt. Bilanz ist der nach § 242 Abs. 1 S. 1 HGB aufgrund der Buchführung (§ 238 HGB) erstellte Rechnungsabschluss, der das Verhältnis von Vermögen und Schulden darstellt. Die Passivseite zeigt die Mittelherkunft, die Aktivseite die Mittelverwendung. Das Reinvermögen ist nicht gleich dem Jahresgewinn. Gewinn und Verlust ergeben sich aus dem Vergleich der Vermögenslagen zu Beginn und zum Ende des konkreten Geschäftsjahres. Es kommt also nur auf dieses an, Gewinne oder Verluste des Gesellschaftskapitals aus den Vorjahren bleiben unberücksichtigt. Dies ist ein entscheidender Unterschied zwischen den Personengesellschaften und den Kapitalgesellschaften, bei denen der Vergleich des Gesellschaftsvermögens mit der Summe aus Eigenkapital und Verbindlichkeiten maßgeblich ist. Diese unterschiedliche Behandlung ist notwendig, weil bei den Kapitalgesellschaften die Gesellschafter den Gläubigern nicht haften, sondern nur das Gesellschaftsvermögen (§§ 1 Abs. 2 AktG, 13 Abs. 2 GmbHG), so dass dort das Grund- oder Stammkapital erhalten werden muss. Eine Bilanz darf nicht mit einer Gewinn-und-Verlust-Rechnung (GuV) verwechselt werden (§§ 243 Abs. 2, 246 HGB). Eine Bilanz zeigt die Vermögenslage; eine Gewinn-und-Verlust-Rechnung die Ertragslage.

Es sind ferner Bilanzaufstellung und Bilanzfeststellung zu **300**
unterscheiden. Ersteres ist eine Geschäftsführungshandlung und bedeutet nicht mehr als den Entwurf; die Bilanzfeststellung ist ein Vertrag zwischen den Gesellschaftern, dem alle zustimmen müssen (sofern der Gesellschaftsvertrag nichts Abweichendes vorsieht). Davon wiederum zu unterscheiden ist die Pflicht zur Unterzeichnung des Jahresabschlusses, § 245 S. 2 HGB.

Die Verteilung des Gewinnes erfolgt fast immer nach den Ver- **301**
einbarungen im Gesellschaftsvertrag. Sieht dieser nichts vor, so verteilt sich der Gewinn nach § 121 HGB 2-stufig: Zuerst wird eine Kapitaldividende von 4 % (auf den Kapitalanteil jedes Gesellschafters) erteilt (§ 121 Abs. 1 HGB). Sollte danach noch Gewinn übrig sein, so wird er auf der zweiten Stufe nach Köpfen verteilt (§ 121 Abs. 3 HGB)

d) Ersatz von Aufwendungen

Der *Aufwendungsersatz* eines geschäftsführenden Gesell- **302**
schafters folgt aus § 110 Abs. 1 HGB *(*Aufwendungen sind

freiwillige Vermögensopfer; i.S.d. § 110 HGB sind es solche, die aus der Kasse der OHG hätten getätigt werden müssen). Während der Aufwendungsersatz bei der GbR gem. §§ 670, 713 BGB nur freiwillige Vermögensopfer erfasst und keine Schäden, erfasst § 110 Abs. 1 HGB auch unmittelbar aus der Geschäftsführung entstandene Schäden oder mit der Geschäftsführung untrennbar verbundene Gefahren sowie die Zahlung von Gesellschaftsverbindlichkeiten. Auch die Inanspruchnahme durch Dritte kann auf diese Weise ersetzt werden.

e) Verhältnis der Gesellschafter untereinander

303 Die Gesellschafter haften im Verhältnis zueinander gem. § 128 S. 1 HGB als Gesamtschuldner. Es könnte daher gem. § 426 BGB theoretisch ein Regress der Gesellschafter untereinander stattfinden, jedoch ist dieser subsidiär zu dem Ausgleich gem. § 110 HGB gegenüber der OHG. Wenn allerdings aus der Gemeinschaftskasse der OHG nichts zu holen ist, dann kommt § 426 BGB i.V.m. § 128 S. 1 HGB zum Zuge, wobei sich der Ausgleich nach den Haftungsquoten des Gesellschaftsvertrages richtet.

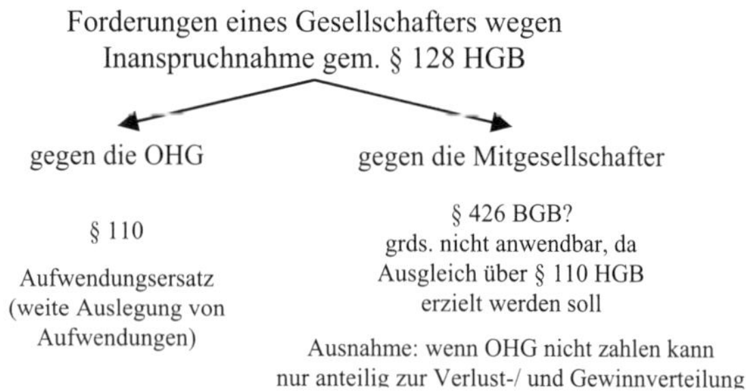

Fall 43: Die N-OHG besteht aus A, B und C. Das Gesellschaftsvermögen ist erschöpft, daher hält sich der Gläubiger der Gesellschaft G an A und verlangt von diesem Zahlung der Gesellschaftsverbindlichkeit in Höhe von 50.000 Euro.

Nach dem Gesellschaftsvertrag hat A im Innenverhältnis nur 1/5 der Verpflichtungen zu tragen, während die anderen beiden Gesellschafter je 2/5 zu tragen haben. A möchte die 50.000 Euro von B und C.

Lösung: Grundsätzlich ist gem. § 110 HGB für die Inanspruchnahme von Aufwendungen der Gesellschafter die OHG die richtige Adresse. Ansprüche gegen die Mitgesellschafter sollen grds. nicht möglich sein. Ausnahmsweise sollen aber die zahlenden Gesellschafter Ausgleich verlangen können, wenn von der Gesellschaft nichts zu holen ist. Das ist hier der Fall. Da die Gesellschafter Gesamtschuldner sind, ist § 426 BGB anwendbar. Der Anspruch geht gem. § 426 Abs. 2 BGB auf den Zahlenden über, anteilig nach seiner Haftung im Innenverhältnis. Der Zahlende kann sich ausnahmsweise mit seiner Verpflichtung gem. § 128 HGB an die anderen Gesellschafter persönlich wenden, § 128 HGB. Folglich ist der Anspruch i.H.v. 40.000 Euro (= 4/5 der Verbindlichkeit) gem. § 426 Abs. 2 von G auf A übergegangen. A kann von B und C Zahlung von 40.000 Euro verlangen.

Denkbar ist auch, dass ein Gesellschafter einen anderen Ge- **304**
sellschafter nach § 128 HGB wegen einer Forderung in Anspruch nehmen will, die er gegen die Gesellschaft hat. Hier ist zu unterscheiden: Ist es eine Verbindlichkeit aus dem Gesellschaftsvertrag (sog. Sozialverpflichtung), so haftet der Gesellschafter nicht persönlich nach § 128 HGB. Ist es dagegen eine Verbindlichkeit, die nicht aus dem Gesellschaftsvertrag resultiert, so steht der anspruchsberechtigte Gesellschafter der OHG wie ein Dritter gegenüber. In diesem Fall kann er sich an die anderen Gesellschafter halten; allerdings nur in dem Verhältnis, in dem die anderen Gesellschafter im Innenverhältnis haften. Dies mag inkonsequent klingen, da es sich ja eigentlich um ein Außenverhältnis handelt. Da die Gesellschafter untereinander gesamtschuldnerisch haften, müsste der fordernde Gesellschaf-

ter, wenn er alles einfordern könnte, dies anteilig wieder über § 426 BGB an den zahlenden Gesellschafter zurückgeben. Weil es aber treuwidrig ist, etwas einzufordern, das man alsbald zurückgeben muss, darf er es erst gar nicht (dolo agit, qui petit, quod statium redditurus est, aus § 242 BGB entwickelt).

f) Tod/Ausscheiden eines Gesellschafters

305 Im Falle des Todes eines Gesellschafters bleibt die Gesellschaft bestehen. Der Anteil des Ausscheidenden wächst den anderen Gesellschaftern zu, § 105 Abs. 3 HGB i.V.m. § 738 Abs. 1 S. 2 BGB (zu Fortsetzungsklauseln s. Rn. 258).

7. Rechtsstellung der OHG nach außen

306 Gem. § 124 HGB kann die *OHG selbst Rechte* erwerben und Verbindlichkeiten eingehen. Die OHG ist damit immer noch keine juristische Person, aber als Wirkungseinheit ihrer Mitglieder teilrechtsfähig und auch grundbuchfähig. Zurechnungsnorm für die OHG ist nach h. M. sowohl für vertragliche als auch für deliktische Ansprüche § 31 BGB in analoger Anwendung. Wenn ein nicht-geschäftsführender Gesellschafter oder ein Angestellter handelt, können die Voraussetzungen der § 280 Abs. 1 BGB i.V.m. § 278 BGB oder des § 831 BGB vorliegen.

307 Aus einem Titel gegen die Gesellschaft kann nicht in das Vermögen der Gesellschafter vollstreckt werden, § 129 Abs. 4 HGB, d. h. es ist ratsam, gegen OHG und Gesellschafter zu klagen, um gleich in alle Vermögensgegenstände vollstrecken zu können. Zugleich können die Gesellschafter dann nicht mehr Zeugen in dem Verfahren sein.

8. Haftung der Gesellschafter nach außen

a) Persönliche Haftung

308 Die *Gesellschafter haften* für die Verbindlichkeiten der OHG *persönlich*, § 128 HGB. Diese Haftung ist *akzessorisch* ist, d. h.

die Verbindlichkeit wird gegenüber der OHG begründet, und die Gesellschafter sind im Rahmen dieser Verbindlichkeit verpflichtet. Ob sich bei vertraglichen Verpflichtungen der OHG aus der akzessorischen Haftung der Gesellschafter auch ergibt, dass der Gläubiger vom Gesellschafter Erfüllung der Verbindlichkeit verlangen kann (Erfüllungstheorie) oder nur Schadensersatz in Geld (Haftungstheorie), ist str. Wohl herrschend ist aber die Annahme einer Erfüllungspflicht, wenn nicht eine höchstpersönliche Verpflichtung besteht.

Eine *Beschränkung der Haftung gegenüber Dritten* im Ge- 309
sellschaftsvertrag *ist nicht möglich.* Sie kann aber individuell mit dem Dritten vereinbart werden. Eine solche Klausel im Gesellschaftsvertrag ist aber nicht ohne Bedeutung; sie kann bedeuten, dass der begünstigte Gesellschafter einen Anspruch gegen die anderen Gesellschafter auf Befreiung von der Verbindlichkeit haben kann.

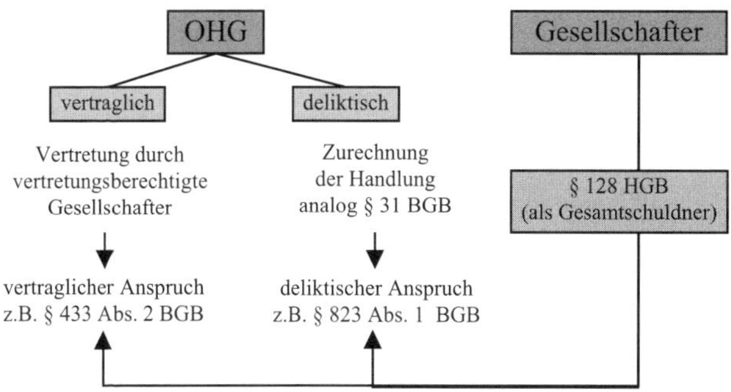

b) Einwendungen

Ein Gesellschafter kann *Einwendungen* (Verjährung, Stun- 310
dung, Erlass, Anfechtung, Erfüllung, Unmöglichkeit, Zurückbehaltungsrechte, etc.) vorbringen, die ihm *persönlich* zustehen oder sich auch auf *Einwendungen der Gesellschaft* berufen (§ 129 Abs. 1 HGB). Durch § 129 Abs. 2 HGB wird dem Ge-

sellschafter darüber hinaus ein Leistungsverweigerungsrecht gegeben, wenn die Gesellschaft das Rechtsgeschäft anfechten kann. Gleiches gilt nach § 129 Abs. 3 HGB für den Fall der Aufrechenbarkeit durch die OHG. Der Wortlaut ist allerdings irreführend: Es reicht nicht die Aufrechenbarkeit, sondern gerade die OHG muss aufrechnen können, wie sich aus der systematischen und teleologischen Auslegung zu Abs. 2 ergibt.

c) Prozessuales

311 Prozessual sind die Gesellschafter im Verhältnis zur OHG keine notwendigen Streitgenossen (d. h. ein Urteil muss nicht notwendigerweise gegenüber beiden Parteien gleich lauten), da es § 129 HGB dem Gesellschafter auch ermöglicht, Einwendungen geltend zu machen, die der OHG nicht zustehen. Ferner ist aus dem gleichen Grund eine Vollstreckung aus einem Titel gegen die OHG in das Vermögen des persönlich haftenden Gesellschafters nicht möglich (§ 129 Abs. 4 HGB).

312 Die Gesellschafterstellung ist nicht pfändbar, wohl aber das Auseinandersetzungsguthaben. Um dieses realisieren zu können, muss die Gesellschaft aufgelöst werden. Hierfür kann ein Gläubiger gem. § 131 Abs. 3 Nr. 4 HGB i.V.m. § 135 HGB u. U. die Kündigung der Gesellschaft erklären.

d) Eintritt/Austritt

313 Ein in eine bereits bestehende Gesellschaft eintretender Gesellschafter *haftet über § 130 HGB* für die *vor seinem Eintritt* in die Gesellschaft entstandenen Verbindlichkeiten. Ein Ausschluss der Haftung ist gegenüber Dritten unwirksam. Wenn ein Gesellschafter aus der OHG ausscheidet, so haftet er bis zu 5 Jahren nach dem Ausscheiden. Gemäß § 160 Abs. 1 HGB läuft die Frist aber erst mit der Eintragung des Ausscheidens in das Handelsregister für Verbindlichkeiten, die *vor seinem Ausscheiden entstanden sind.*

Eintretender Gesellschafter

Forderungen vor Eintritt	Forderungen nach Eintritt
§§ 130, 128 HGB	§ 128 HGB
unabhängig vom Wissen um die Forderung	

9. Auflösung der Gesellschaft

Die Gründe für die Auflösung einer OHG sind abschließend **314**
in § 131 HGB enumeriert. Hinzu kommt, dass eine Gesellschaft aufgelöst wird, wenn nur noch ein Gesellschafter übrig bleibt. Ein wichtiger Unterschied zur GbR ist, dass das Einzelschicksal eines Gesellschafters den Bestand der OHG unberührt lässt. So führen insbesondere weder der Tod noch die Insolvenz eines Gesellschafters zur Auflösung, sondern nur zum Ausschluss des Gesellschafters (§ 131 Abs. 1, 3 HGB). Dies kann aber u. U. die übrig gebliebenen Gesellschafter berechtigen, einen Antrag auf gerichtliche Auflösung der Gesellschaft zu stellen, vgl. § 133 HGB. Die Liquidation obliegt grds. den Gesellschaftern und ist darauf ausgerichtet, alles zu Geld zu machen und aufgrund einer Schlussbilanz zu verteilen (§§ 149, 154, 155 HGB).

10. (Willens-) Mängel im Gesellschaftsvertrag (gilt für alle Personengesellschaften)

Für den Fall, dass der Gesellschaftsvertrag wegen Irrtums an- **315**
gefochten wird oder sonst nichtig oder unwirksam ist, spricht man von einer *fehlerhaften Gesellschaft*. Da eine Gesellschaft jedoch u. U. nur schwierig rückabgewickelt werden kann (man stelle sich nur ein Unternehmen vor, das seit 30 Jahren besteht), wurden von Lit. und Rspr. gesetzlich nicht normierte Sonderregeln entwickelt (Lehre von der fehlerhaften Gesellschaft). Die Lehre von der fehlerhaften Gesellschaft gilt für alle Personengesellschaften.

Damit diese Sonderregeln greifen, müssen drei Voraussetzungen erfüllt sein:

1. unwirksamer Gesellschaftsvertrag,
2. Vollzug der Gesellschaft (Aufnahme der Geschäfte),
3. keine schwerwiegende Verletzung drittschützender Vorschriften durch die Anwendung der Sonderregeln.

316 Besondere drittschützende Normen – die die Anwendung der Grundsätze der fehlerhaften Gesellschaft ausschließen können – sind §§ 134, 138 BGB sowie das Minderjährigenrecht. Allein eine Täuschung i.S.d. § 123 BGB reicht hingegen nicht aus (außer es besteht nur eine zweigliedrige Gesellschaft, und Dritte würden nicht beeinträchtigt).

316a Der Verbraucherschutz bei Widerruf eines Beitritts zu einer Publikumspersonengesellschaft kann zwar ein Haustürgeschäft (jetzt Geschäft außerhalb Geschäftsräumen, §§ 312b, 312g BGB) darstellen, jedoch steht dies der Anwendung der Lehre von der fehlerhaften Gesellschaft nicht entgegen (vgl. *EuGH* NZG 2010, 501 und *Kindler/Libbertz,* NZG 2010, 603).

317 Im Innenverhältnis führen entsprechende Mängel nicht zur Rückabwicklung der Gesellschaft, sondern nur zur Möglichkeit der Auflösung. Der Vertrag wird – mit Ausnahme der die Unwirksamkeit begründenden Vorschrift – als wirksam behandelt, evtl. Lücken werden durch dispositives Recht geschlossen. Im Außenverhältnis wird die fehlerhafte OHG behandelt, als wäre sie „normal“.

Fall 44: Die N-OHG besteht aus A, B und C. Im „nur schriftlichen“ Gesellschaftsvertrag steht, dass A sein bebaubares Grundstück im Wert von 30.000 Euro einbringen soll, während B und C je 30.000 Euro in bar zur Verfügung stellen sollen. Da A sein Grundstück noch nicht einbringen konnte (es ist noch vermietet), hat die OHG ihre Geschäfte schon begonnen und solange ein anderes Grundstück als Lagerfläche gemietet.

Anfang September kauft die N-OHG einen Lkw im Wert von 40.000 Euro. Als sich Mitte September herausstellt, dass der Gesellschaftsvertrag wegen fehlender notarieller Schriftform gem. §§ 311b, 125 BGB nichtig ist, verweigern die Gesellschafter die Zahlung der 40.000 Euro, unter Hinweis darauf, dass keine OHG bestehe. Mit Recht?

Lösung: Fraglich ist, ob die OHG existiert und gem. § 124 HGB Träger von Rechten und Pflichten sein kann. Die OHG ist grds. nicht wirksam entstanden, da der Vertrag nichtig war. Durch die Aufnahme der Geschäfte ist aber eine Rückabwicklung im Allgemeinen sehr schwierig, so dass die Nichtigkeitsfolge nach den Grundsätzen der fehlerhaften Gesellschaft derogiert worden sein könnte und die Gesellschaft nur kündbar für die Zukunft ist, für die Vergangenheit aber Bestand hat. Voraussetzung hierfür ist, dass ein unwirksamer Gesellschaftsvertrag vorliegt, die Gesellschaft die Geschäfte aufgenommen hat und keine schwerwiegenden Verletzungen drittschützender Vorschriften durch die Anwendung der Sonderregeln vorliegen.

Es liegt ein unwirksamer Gesellschaftsvertrag vor, auch wurden die Geschäfte aufgenommen. Fraglich bleibt allein, ob § 311b BGB eine drittschützende Norm ist, die die Anwendung der Grundsätze hindert. § 311b BGB will primär verhindern, dass jemand überstürzt über ein Grundstück verfügt. Dies schützt den Verfügenden und nicht den Rechtsverkehr, wobei der Verfügende keines Sonderschutzes bedarf (wie z. B. ein Minderjähriger). § 311b BGB ist folglich keine drittschützende Norm im gemeinten Sinne. Dementsprechend begründet § 311b BGB zwar die Unwirksamkeit, ausnahmsweise (wegen der Grundsätze der fehlerhaften Gesellschaft) aber nicht die Nichtigkeit des Vertrages. Die OHG bleibt für die Vergangenheit bestehen, kann aber unter erleichterten Bedingungen beendet werden. Die Zahlung wird mit Recht verlangt.

318 Sowohl für die GbR als auch für die OHG führt die Entdeckung des Fehlers nicht zur Beendigung der Gesellschaft, sondern nur zur Kündbarkeit (bei der GbR, § 723 BGB) und zur Möglichkeit der Auflösungsklage (bei der OHG, §§ 133, 161 Abs. 2 HGB).

Zusammenfassung zur OHG:

- Gesellschaftsvertrag (formfrei möglich)
- gemeinsamer Zweck: Betrieb eines Handelsgewerbes, §§ 1, 105 Abs. 1 HGB
- gemeinschaftliche Firma, §§ 1, 17 HGB
- keine juristische Person, aber Teilrechtsfähigkeit, § 124 HGB
- unbeschränkte, persönliche, akzessorische Haftung aller Gesellschafter, § 128 HGB

(Anmeldepflicht, § 106 HGB)

V. Kommanditgesellschaft – KG §§ 161 ff. HGB

319 Ebenso wie die OHG ist die KG eine Personengesellschaft, deren Zweck es ist, ein Handelsgewerbe zu betreiben. Entscheidender Unterschied ist, dass *mindestens einer* der Gesellschafter *nicht voll persönlich haftet* (*Kommanditist*, § 162 HGB), aber mindestens ein Gesellschafter *voll persönlich haftet* (*Komplementär*). Auch hier können alle natürlichen Personen und Gesellschafter nach dem Baukastensystem Gesellschafter sein (vgl. nur § 162 Abs. 1 S. 2 HGB). Die KG ist mithin nur eine Sonderform der OHG, was auch in der Verweisungsnorm des § 161 Abs. 2 HGB zum Ausdruck kommt. Dieser verweist auf § 105 HGB, der wiederum auf §§ 705 ff. BGB verweist.

320 Genau wie bei der OHG ist eine Kennzeichnung der Gesellschaftsform in der Firma erforderlich, § 19 Abs. 1 Nr. 3 HGB. Gem. § 6 i.V.m. §§ 1 ff. HGB ist die KG – ebenso wie die OHG – Kaufmann.

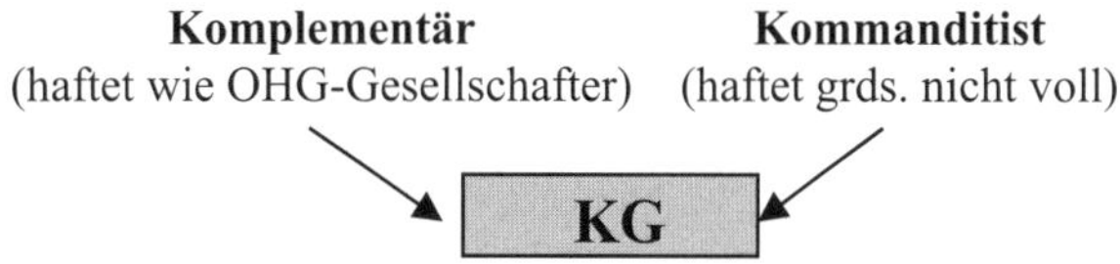

1. Kommanditist

Bei der stillen Gesellschaft (§ 230 HGB) ist der voll haftende **321**
Gesellschafter alleiniger Inhaber des Handelsgeschäfts und der „Partner" ist nur mittels Geld beteiligt und tritt nach außen gar nicht in Erscheinung. Demgegenüber sind bei der KG Komplementär und Kommanditist Gesellschafter. Zu unterscheiden sind bei dem Kommanditisten die Haftsumme und die Einlage. Die Einlage kann die Haftsumme übersteigen; sie kann darüber hinaus nicht nur in Geldleistungen bestehen, sondern auch in anderer Form. Das Gesetz ist insofern ungenau formuliert. Der Kommanditist haftet Gläubigern der KG nur bis zur Höhe seiner Einlage. Soweit die Einlage geleistet ist, ist die Haftung ausgeschlossen, § 171 Abs. 1 HGB. Die Kommanditisteneigenschaft ist gem. § 161 Abs. 2, 105 Abs. 2 HGB ins Handelsregister einzutragen. Dies hat wegen der (negativen) Publizitätswirkung des Handelsregisters herausragende Bedeutung.

Hinsichtlich der sonstigen Mitbestimmungs- und Verwal- **322**
tungsrechte (insbesondere Mitbestimmung bei Änderungen des Gesellschaftsvertrags) steht der Kommanditist jedoch den Komplementären gleich. Er unterliegt aber, anders als die Komplementäre und die Gesellschafter einer OHG, keinem Wettbewerbsverbot (§ 165 HGB). Die Kaufmannseigenschaft wird von der h. M. für den Kommanditisten abgelehnt.

2. Komplementär

Die Stellung des Komplementärs entspricht der eines OHG- **323**
Gesellschafters mit allen Rechten und Pflichten, so dass in Gänze auf die Darstellung zur OHG verwiesen werden kann.

3. Vertretung und Geschäftsführung

324 Der *Kommanditist* ist gem. § 170 HGB zur *Vertretung nicht berechtigt.* Etwas anderes kann auch nicht gesellschaftsvertraglich bestimmt werden. Wohl aber kann ihm Prokura oder Generalvollmacht als rechtsgeschäftliche Vollmacht erteilt werden. Bei der Vertretung muss zwischen *organschaftlicher* und *rechtsgeschäftlicher* Vertretungsmacht unterschieden werden.

325 Der Kommanditist ist grds. *nicht zur Geschäftsführung,* § 164 Abs. 1 HGB, berufen (allerdings kann dem Kommanditisten im Gesellschaftsvertrag Geschäftsführungsbefugnis eingeräumt werden). Dagegen sind die Komplementäre genau wie OHG-Gesellschafter berechtigt und verpflichtet (§§ 161 Abs. 2, 125, 126 HGB). Infolgedessen ist der Kommanditist nicht berechtigt, Geschäftsführungshandlungen rechtswirksam zu widersprechen. Nur für Handlungen, die über den gewöhnlichen Betrieb hinausgehen, besteht ein Widerspruchsrecht, § 164 Abs. 1 2. HS. HGB.

326 Zur Geschäftsführung ist der Komplementär gem. § 161 Abs. 2 HGB i.V.m. §§ 114 ff. HGB berufen (wie ein OHG-Gesellschafter); die Vertretungsbefugnis folgt aus § 161 Abs. 2 HGB i.V.m. §§ 125, 126 HGB.

4. Haftung der Gesellschafter nach außen

a) Komplementär

327 Während der Komplementär wegen der Verweisung in § 161 Abs. 2 HGB auf die OHG (und damit auch auf § 128 HGB) *voll persönlich* haftet, haftet der Kommanditist gem. § 171 Abs. 1 HGB zwar nur beschränkt, aber auch *unmittelbar*, d. h. er kann direkt in Anspruch genommen werden, und er kann nicht auf die KG verweisen.

b) Kommanditist

aa) Beschränkte Haftung

Die Inanspruchnahme ist *auf die Haftungssumme beschränkt* und ganz *ausgeschlossen*, wenn der Kommanditist die Haftungssumme schon als *Einlage eingebracht* hat. Der Wortlaut des § 171 HGB ist irreführend. Auch eine Leistung des Kommanditisten an andere Gläubiger in Höhe der Haftungssumme führt zur Enthaftung des Kommanditisten (wobei die rechtliche Konstruktion streitig ist). Die Haftungssumme ist im Handelsregister einzutragen. Auf sie kann sich ein Gläubiger verlassen, da sowohl eine Erhöhung als auch eine Reduktion erst mit der Eintragung wirksam werden. **328**

Praxishinweis: Da die Leistung der Haftungssumme nicht in das Handelsregister eingetragen wird, kann es sein, dass der Kommanditist schon geleistet hat und man als Gläubiger nichts davon weiß. In diesem Fall würde man einen Prozess gegen den Kommanditisten verlieren und hätte die Prozesskosten zu tragen. Daher sollte man sich in der Praxis erst erkundigen, ob die Haftungssumme an die KG als Einlage geflossen ist. **329**

Die Einlage kann auch als Sacheinlage (also nicht in Geld) erbracht werden. Wie bei der GmbH muss der Gesellschaft aber ein wirklicher Wert zufließen. Im Falle der Befreiung von einer Verbindlichkeit (Aufrechnung) ist dies nur der Fall, wenn die Gesellschaft noch „gesund" ist; nur dann ist die Forderung ihr Geld wert. **330**

Eine Rückzahlung der Haftungssumme an den Kommanditisten bewirkt das Wiederaufleben seiner Haftung gegenüber Dritten, § 172 Abs. 4 HGB. Dies gilt selbst dann, wenn der Kommanditist aus der KG ausscheidet und im Wege der Abfindung seine Haftungssumme zurückerhält. Seine Haftung ist dann jedoch gegenüber Dritten auf die Zeit von 5 Jahren nach Eintragung des Ausscheidens begrenzt, § 160 HGB. Wichtig ist **331** zudem, dass die Haftungssumme eine absolute Grenze ist; d. h. selbst wenn der Kommanditist mehr als die Einlage von der KG zurückbekommen hat, haftet er nur bis zur Höhe seiner Einlage.

Beispiel: **Haftsumme 50.000 Euro**

Vorgänge:

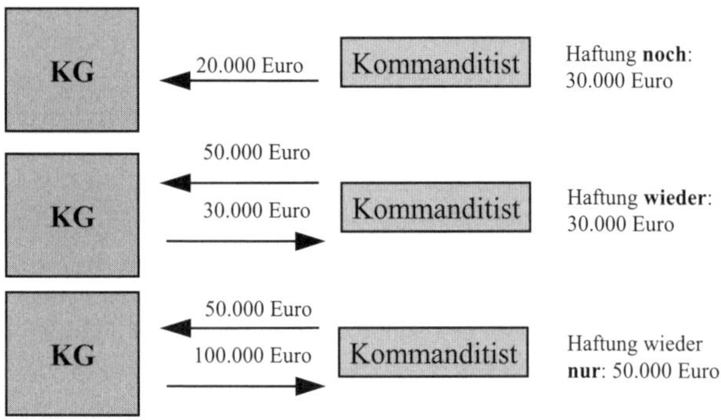

Fall 45: In der Z-KG sind X als Kommanditist und Y1 und Y2 als Komplementäre beteiligt. Für X beträgt die Haftsumme von 20.000 Euro; diese hat er im Jahr 1998 erbracht hat. Nach seinem Ausscheiden im Jahre 2011, das sofort in das Handelsregister eingetragen wurde, hat er seinen Gewinnanteil und seine Einlage von der Z-KG ausgezahlt bekommen.

a) Die Bank B wendet sich heute an X mit einer Darlehensforderung gegen die Z-KG aus dem Jahr 2008, die 2014 fällig ist. Mit Recht?

b) Wie ist es, wenn die Forderung erst 2012 begründet wurde?

c) Wie ist es, wenn der Darlehensvertrag schon 2006 geschlossen wurde und nun die Rückzahlung 2008 fällig wurde?

Lösungen: a) Grds. ist die Haftung des X mit Leistung seiner Einlage ausgeschlossen. Sie könnte jedoch durch Rückzahlung wieder aufgelebt sein, § 172 Abs. 4 HGB. X hat im Jahre 2011 seine Einlage zurückerhalten, seine Haftung lebte bis zur Haftsumme wieder auf, mithin auf 20.000 Euro. Fraglich ist, ob die Forderung gegen ihn geltend gemacht werden kann, da X nicht mehr Gesellschafter ist. Gem. § 160 HGB können bereits begründete Ansprüche bis zum Ablauf von 5 Jahren nach dem Ausscheiden geltend gemacht werden. Hier ist das Ausscheiden erst 3 Jahre her, so dass X gem. §§ 488 Abs. 1 S. 2 BGB, 161 Abs. 2, 171 Abs. 1 HGB haftet.

b) Wenn die Forderung im Jahre 2012 entstanden ist, dann ist sie nach dem Ausscheiden des X entstanden, so dass X gar nicht für sie haftet.

c) Wenn die Forderung hingegen im Jahre 2008 fällig wurde, dann haftet X, unabhängig von § 160 Abs. 1 HGB, weil die Forderung sogar schon während seiner Gesellschafterzeit fällig wurde. Es kommt mithin nicht darauf an, wie lange die Forderung schon fällig ist (die Verjährung bliebt allerdings hiervon unberührt).

Achtung: Die Vorschrift ist verwirrend formuliert: Für § 160 Abs. 1 HGB ist (nur) erforderlich, dass die Verbindlichkeit während der „Amtszeit" entstanden ist und spätestens 5 Jahre nach dem Austritt des K fällig wird. Ein weiterer Zeitablauf ist irrelevant.

Anders als der Komplementär ist der Kommanditist allerdings bei Inanspruchnahme nicht zur Erfüllung, sondern nur zur Haftung in Geld verpflichtet (vgl. dazu bei der OHG Rn. 308). **332**

Sowohl der Komplementär als auch der Kommanditist können sich gem. §§ 161, 129 HGB auf Einreden der KG berufen. Die prozessuale Ausgestaltung entspricht hinsichtlich Streitgenossenschaft und Vollstreckung ebenfalls der der OHG. **333**

334 Der Kommanditist haftet für vor seinem Eintritt in eine Gesellschaft *schon entstandene Verbindlichkeiten, § 173 HGB*. Für den Komplementär bleibt es bei der Regelung, die auch für die OHG gilt, §§ 161 Abs. 2, 130 Abs. 1 HGB. Zu beachten ist auch hier, dass die Regelungen nicht eingreifen, wenn noch keine Handelsgesellschaft bestanden hat, vgl. § 28 HGB!

bb) Unbeschränkte Haftung

335 Wenn die KG ihre Geschäfte *vor Eintragung* in das Handelsregister aufnimmt, dann haftet der Kommanditist unbeschränkt und persönlich, falls er der *Aufnahme der Geschäfte zugestimmt* hat, § 176 Abs. 1 HGB (Ausnahme: § 176 Abs. 1 a. E. HGB, bei Kenntnis des Gläubigers von der Kommanditistenstellung). Die Zustimmungserklärungen können konkludent abgegeben werden. Auch nach erfolgter Eintragung wird die Haftung des Kommanditisten nicht nachträglich reduziert, sondern bleibt bestehen. Sie unterliegt aber gem. § 160 Abs. 3, 1 HGB einer 5-Jahres-Frist; nur für künftige Forderungen besteht dann die Haftungsbeschränkung. Für Verbindlichkeiten, die nach Eintritt des Kommanditisten in die KG, aber vor seiner Eintragung in das Handelsregister vorgenommen werden, haftet der Kommanditist gem. § 176 Abs. 2, 1 HGB unbeschränkt. Da die Haftung zum Schutz des Rechtsverkehrs besteht, greift sie im Falle der deliktischen Schädigung nicht ein (BGHZ 82, 209).

336 Der Kommanditist erlangt seine Stellung als solcher erst mit der Eintragung ins Handelsregister. Dies bedeutet, dass eine vor Eintragung geleistete Einlage den Kommanditisten nicht von seiner persönlichen unbeschränkten Haftung befreit, § 176 Abs. 1, 2 HGB.

Eintritt

neu gegründete KG

§ 176 Abs. 1 HGB

Voraussetzungen:
- KG
- keine Eintragung im Handelsregister
- Geschäftsbeginn vor Eintragung mit Zustimmung (auch konkludent)
- Schutzwürdigkeit (keine Kenntnis des Gläubigers): Es reicht **wer** und **dass** als Kommanditist, Haftsumme ist nicht erforderlich)

Rechtsfolge: volle Haftung §§ 161 Abs. 2, 128 HGB
nach Eintragung: 5 Jahre lang, § 160 Abs. 3 HGB

bestehende Personengesellschaft

§ 176 Abs. 2 HGB

Voraussetzungen:
- bestehende Handelsgesellschaft (es reicht aus, dass durch den Eintritt eine entsteht)
- Eintritt als Kommanditist
- keine Eintragung der Kommanditistenstellung in das Handelsregister
- keine Schutzwürdigkeit des Gläubigers wegen Kenntnis von beschränkter Haftung

Tipp: Daher bietet es sich an, den Beitritt zu der KG mit der aufschiebenden Bedingung (§ 158 Abs. 1 BGB) zu versehen, dass die Eintragung in das Handelsregister erfolgt ist. **337**

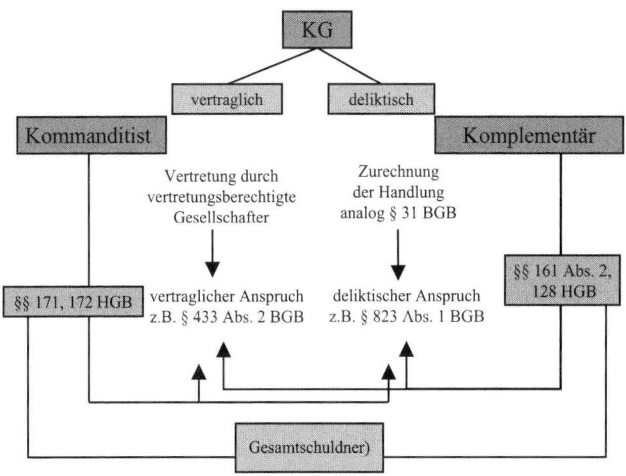

5. Austritt/Enthaftung

338 Wenn ein Gesellschafter (Kommanditist, Komplementär oder bei der OHG irgendein Gesellschafter) ausscheidet, dann können künftige Forderungen gegen die Gesellschaft nicht mehr gegen ihn vorgebracht werden. Wenn hingegen die Forderung bereits während seiner Beteiligung an der Gesellschaft begründet wurde, dann kann er auch nach seinem Ausscheiden nachhaften, § 160 Abs. 1 HGB (gilt gem. § 161 Abs. 2 HGB auch für die KG). Voraussetzung ist:

- Austritt der Gesellschafters
- Begründung der Verbindlichkeit während seiner Beteiligung
- Fälligkeit der Forderung bis spätestens fünf Jahre nach seinem Austritt (und dessen Eintragung in das Handelsregister)

  Die Vorschriften über die Verjährung bleiben unberührt.

Zusammenfassung zur KG:

- Gesellschaftsvertrag (formfrei möglich)
- gemeinsamer Zweck: Betrieb eines Handelsgewerbes §§ 1, 161 Abs. 1 HGB
- gemeinschaftliche Firma §§ 1, 17 HGB
- jur. Person (-), aber Teilrechtsfähigkeit §§ 161 Abs. 2, 124 HGB
- verschieden haftende Gesellschafter:
  - unbeschränkte Haftung: Komplementär § 161 Abs. 2 HGB i.V.m. § 128 HGB
  - beschränkte Haftung: Kommanditist §§ 171, 172 HGB

(Anmeldepflicht bei Muss-OHG, §§ 106, 162 HGB)

VI. Aktiengesellschaft – AG

Das Recht der Kapitalgesellschaften gehört nur in geringem Umfang zum Pflichtstoff. Aufgrund dessen beschränken sich die Ausführungen bei der AG auf das Wesentliche. **339**

1. Einleitung

Die AG ist eine juristische Person des Zivilrechts, § 1 Abs. 1 AktG; sie entsteht gem. § 41 AktG durch Eintragung in das Handelsregister. Das Gründungskapital muss sich auf mind. 50.000 Euro belaufen, § 7 AktG. Eine Nichtigkeit der AG ex tunc (von Anfang an) gibt es nicht; in entsprechenden Fällen ist allenfalls eine Abwicklung vorzunehmen. Im Gegensatz zu den Personengesellschaften gibt es für Kapitalgesellschaften *keine freie Gestaltungsmöglichkeit* bei ihrer Satzung, sondern sie unterliegen Vorgaben, § 23 AktG. **340**

Die AG hat eine *Kapitalsammelfunktion*, d. h. Aktionäre be- **341**
teiligen sich mit ihrem Kapital (in Aktien angelegt) an der AG (die Summe der Aktionärseinlagen ist das Grundkapital, § 6 AktG). Das Know-how des Vorstandes wird mit den Geldmitteln der Aktionäre gepaart, ohne dass die Aktionäre persönlich für Verbindlichkeiten der AG haften. Den Gläubigern der AG haftet nur das Gesellschaftsvermögen. Vom Grundkapital ist das Gesellschaftsvermögen abzugrenzen. Das Grundkapital ist für die Bilanz von Bedeutung, damit die Gewinne entsprechend den Beteiligungen verteilt werden können. Die *Aktie* bezeichnet die auf sie entfallende *Beteiligungsquote* (nach Summe oder Stückzahl, § 8 AktG). Die Sicherung der Gläubiger ist daher auch der Grund, warum Aktionären ihre Einlagen gem. § 57 Abs. 1 AktG nicht zurückgezahlt werden dürfen. Damit die Werte der Aktien dennoch verkehrsfähig sind, sind die Aktien frei nach wertpapierrechtlichen Gesichtspunkten übertragbar; d. h. der Nennwert der Aktie entspricht i.d.R. nicht seinem realen Wert.

342 Wegen des Betriebs eines Handelsgeschäfts (§ 3 Abs. 1 AktG) gilt die AG als Handelsgesellschaft und ist somit Formkaufmann (§ 6 HGB). Eine AG kann durch originäre Gründung oder Umwandlung entstehen (wobei sich die Umwandlung nach dem UmwG 1994 richtet).

a) Einfache Gründung

343 Erforderlich ist eine *Satzung in notarieller Form*, §§ 23, 28 AktG (Feststellung der Satzung = Abschluss des Gesellschaftsvertrages, § 2 AktG). Der *Mindestinhalt* der Satzung folgt aus *§ 23 Abs. 2 bis 4 AktG*, das Grundkapital beträgt *mind. 50.000 Euro* (§ 7 AktG). Mit der Übernahme der Aktien entsteht die Pflicht zur Leistung der Einlage, § 54 AktG. Sämtliche Aktien müssen von den Gründern übernommen werden. Mit der Übernahme der Aktien ist die AG errichtet (§ 29 AktG), aber noch nicht gegründet (dafür bedarf es noch weiterer Schritte bis zur Eintragung in das Handelsregister, § 41 Abs. 1 AktG).

344 Die Gründer müssen einen *Aufsichtsrat bestellen*, der den *Vorstand beruft* (§ 30 AktG). Dieser wird durch Leistung der Einlagen (zumindest teilweise, mind. ¼ des Nennwertes der Aktien, § 36a AktG) mit Geld versorgt, um handlungsfähig zu sein. Nach dem *Gründungsbericht* erfolgt die *Prüfung des Berichts* durch Vorstand und Aufsichtsrat (§§ 32 35 AktG), danach wird die AG zum *Handelsregister angemeldet* (§§ 36, 37 AktG). Nach Prüfung des Registergerichts erfolgt die *Bekanntmachung und Eintragung* der AG. Sollte dies Prozedere nicht korrekt abgelaufen sein, so ist die AG bei Eintragung trotzdem wirksam entstanden (§§ 275–277 AktG), eine Ausnahme gilt nur bei fehlender Bestimmung des Grundkapitals. Für Fehler bei der Gründung haften die Gründer der AG unter den Voraussetzungen der §§ 46 ff. AktG.

b) Qualifizierte Gründung

345 Als qualifizierte Gründung werden Fälle bezeichnet, in denen bei der Gründung Besonderheiten gegeben sind (vgl. dazu §§ 26, 27 AktG). In diesen Konstellationen besteht die Gefahr,

dass das Grundkapital nicht ordnungsgemäß aufgebracht wird; daher gibt es besondere Kontrollmechanismen.

c) Umwandlung

Umwandlungen nach dem UmwG kommen in Form von Verschmelzung (§ 2 ff. UmwG), Spaltung (§§ 123 ff. UmwG) und Formwechsel (§§ 190 ff. UmwG) in Betracht. **346**

2. Verein

Aufgrund ihrer *körperschaftlichen Struktur* (Satzung §§ 2, 23 AktG; Organe mit festen Kompetenzen, Vorstand §§ 76 ff. AktG, Aufsichtsrat §§ 95 ff. AktG, Hauptversammlung §§ 118 ff. AktG; die Mitgliedschaft ist durch Gesetz §§ 53a ff. AktG und Satzung als beitrittsfähig und im Bestand wechselbar ausgestaltet) ist die AG Verein i.w.S. und nicht Gesellschaft. Folglich ist § 31 BGB anwendbar, und die AG muss für das Handeln ihrer satzungsmäßigen Vertreter einstehen. Zu beachten ist, dass § 31 BGB so zu verstehen ist, dass *nicht nur verfassungsmäßige Vertreter* erfasst werden, sondern auch Personen, die im Unternehmen einen wichtigen Bereich eigenverantwortlich wahrnehmen. **347**

3. Kompetenzen und Aufgaben der Organe

Die *Kompetenzzuweisung in der AG ist zwingend* und kann nicht abweichend durch Satzung anders geregelt werden (§ 23 Abs. 5 AktG). **348**

a) Vorstand

Der Vorstand ist das *oberste Organ* des Vereins und wird auf maximal 5 Jahre von der Mitgliederversammlung bestellt (§ 84 Abs. 1 AktG). Er hat gem. § 76 Abs. 1 AktG die Gesellschaft unter eigener Verantwortung zu leiten. Ihm obliegt die *Geschäftsführung* (§ 77 AktG) und die *Vertretung nach außen* (§ 78 AktG); ihm obliegen darüber hinaus die Aufgaben nach **349**

§§ 83, 90, 91, 92, 110 Abs. 1, 118 Abs. 2, 121 Abs. 2, 170, 245 Nr. 4 AktG. Die Grenzen der Geschäftsführung ergeben sich auch aus der Satzung (§ 23 Abs. 3 Nr. 2 AktG) und dem Gesellschaftszweck (§ 82 Abs. 2 AktG).

350 Innerhalb der AG gilt das Prinzip der *Fremdorganschaft*, d. h. die Organpersonen müssen nicht Gesellschafter der AG sein (können aber natürlich Aktien halten). Der Vorstand hat eine eigene Kompetenz, die gegenüber den Befugnissen der Aktionäre unabhängig ist. Wegen der Unabhängigkeit und umfassenden Kompetenz des Vorstands wird eine *verschuldensabhängige Haftung* der Vorstandsmitglieder in § 93 Abs. 2 AktG statuiert.

351 Da § 77 AktG von einer *Gesamtgeschäftsführung* und § 78 AktG von einer *Gesamtvertretung* der Vorstandsmitglieder ausgeht (die Satzung kann Abweichendes bestimmen), ist für den Fall der Uneinigkeit der Vorstandsmitglieder eine *Mehrheitsentscheidung* zu treffen; die Entscheidung darf nicht einem einzelnen Mitglied überlassen werden. Allerdings kann per Satzung einem Vorstandsmitglied – i.d.R. dem Vorsitzenden – ein Stichentscheidungsrecht zugewiesen werden, d. h. bei Gleichheit gibt diese Stimme den Ausschlag. Der Vorsitzende ist nur Primus inter Pares. Er fungiert (nach dem Gesetz) in erster Line als Sitzungsleiter und Repräsentationsorgan. Die einzelnen Vorstandsmitglieder werden i.d.R. aufgrund Dienstvertrages tätig (§§ 611, 675 BGB). Dieser mit der AG abgeschlossene Vertrag ist von der Bestellung als einseitigem Akt zu unterscheiden.

352 Um eine Kontrolle durch den Aufsichtsrat zu ermöglichen, ist der Vorstand gem. § 90 AktG verpflichtet, *Bericht* zu erstatten. Im Übrigen ist er aber zur *Verschwiegenheit* verpflichtet, § 93 AktG.

Fall 46: Das Vorstandsmitglied V der X-AG macht der N-OHG gegenüber bei Vertragsverhandlungen fahrlässig eine rechtsverbindliche Aussage, die sich im Nachhinein als unrichtig herausstellt. Im Vertrauen auf die Richtigkeit der Aussage verliert die N-OHG 100.000 Euro, die sie bei Richtigkeit nicht verloren hätte. Diese möchte sie von der X-AG ersetzt bekommen. Die X-AG will nicht zahlen, hilfsweise aber das Geld wenigstens von V erstattet bekommen.

Lösung: Die X-AG hat nicht selbst gehandelt, so dass eine Haftung nur begründet werden kann, wenn ihr das Verhalten des V zugerechnet werden kann. So kommt ein Anspruch gem. §§ 280 Abs. 1, 241 Abs. 2, 31 BGB in Betracht.

Gem. § 241 Abs. 2 BGB muss der Schuldner sich so verhalten, dass die Rechtsgüter des Gläubigers nicht geschädigt werden. Diese Pflicht hat V durch seine Falschauskunft verletzt und so bei der OHG einen Schaden hervorgerufen, und das auch schuldhaft. Für den Fall, dass die Auskunft selbst Vertragsgegenstand war, liegt die Pflichtverletzung unmittelbar in der Nichterfüllung oder Schlechterfüllung der Leistungspflicht. Die X-AG haftet somit gem. § 31 BGB für die Pflichtverletzung des V gem. §§ 280 Abs. 1, 241 Abs. 2 BGB. Die X-AG muss mithin 100.000 Euro zahlen.

Gem. § 93 Abs. 2 S. 1 AktG muss V an die X-AG Schadensersatz leisten, wenn er nicht mindestens so sorgfältig gehandelt hat wie in eigenen Angelegenheiten. Ob dies zutrifft, ist nicht ersichtlich, jedoch trifft V die Beweislast dafür, dass er in eigenen Angelegenheiten ebenso fahrlässig handelt wie in diesem Fall, § 93 Abs. 2 S. 2 AktG.

b) Aufsichtsrat

Der Aufsichtsrat ist ein Kollegialorgan, das aus mind. 3 und **353**
max. 21 Mitgliedern besteht, § 95 AktG. Die Mitglieder des Aufsichtsrates werden grds. *von der Hauptversammlung gewählt* (§§ 101, 119 Abs. 1 Nr. 1 AktG) und auch wieder *abberufen* (§ 103 AktG). Dem Aufsichtsrat steht ein Vorsitzender (§ 107 AktG) vor, dem besondere Aufgaben zugewiesen sind (z. B. §§ 90 Abs. 1 S. 2, 184 Abs. 1, 223 AktG).

Die Entscheidungen des Aufsichtsrates erfolgen durch *Be-* **354**
schlussfassung.

355 Die *Bestellung des Vorstandes* obliegt gem. § 84 AktG dem Aufsichtsrat. Der Aufsichtsrat hat ferner die Aufgabe, die Geschäftsführung zu überwachen. Er selbst hat aber *keine Geschäftsführungsbefugnis* und kann dem Vorstand diese auch nicht entziehen (§ 111 Abs. 4 S. 1 AktG). Ihm steht ein Zustimmungsvorbehalt für bestimmte wichtige Geschäfte zu. Was zu diesen gehört, ist durch die Satzung zu regeln (§ 111 Abs. 4 S. 2 AktG).

356 Die Aufsichtsratsmitglieder unterliegen ebenfalls der *Verschwiegenheitspflicht*, § 93 Abs. 1 S. 2 i.V.m. § 116 AktG.

c) Hauptversammlung

357 Die Hauptversammlung ist das Forum, das den Aktionären zur Ausübung ihrer Verwaltungsrechte dient (§ 118 Abs. 1 AktG); sie ist Sitz der „*Aktionärsdemokratie*".

358 Die Hauptversammlung wählt den Aufsichtsrat und beruft ihn ab (s. o.). Ihr steht keine *Entscheidungsbefugnis in Geschäftsführungsangelegenheiten* zu, es sei denn, der Vorstand verlangt dies (bei elementar wichtigen Entscheidungen kann der Vorstand aber verpflichtet sein, eine solche Entscheidung herbeizuführen, § 119 Abs. 2 AktG).

359 Der Hauptversammlung obliegt insbesondere die *Entscheidungsbefugnis*, wie mit dem *Bilanzgewinn* zu verfahren ist (§§ 119 Abs. 1 Nr. 2, 174 AktG). Allerdings kann die Hauptversammlung nur den Bilanzgewinn *verteilen*. Der Bilanzgewinn wird aufgrund des Jahresabschlusses bemessen, dieser wiederum wird vom Vorstand ausgearbeitet und vom Aufsichtsrat gebilligt. An diese Ausgangszahlen ist die Hauptversammlung mithin gebunden (§ 174 Abs. 1 S. 2 AktG; Ausnahme nur aufgrund Sonderprüfung gem. §§ 258 ff. AktG). Der Hauptversammlung obliegt folglich nur die Verteilung oder Verwendung von etwas, dessen Ausmaß durch Zusammenspiel von Vorstand und Aufsichtsrat ermittelt wird. Die Einflussmöglichkeiten der Hauptversammlung, soweit es sich nicht um die Bestellung oder Abberufung der Aufsichtsratsmitglieder han-

delt, sind gering: die Bestellung der Abschlussprüfer (§ 119 Abs. 1 Nr. 4 AktG) und der Sonderprüfer (§§ 119 Abs. 1, 142 ff. AktG). Von Bedeutung wird die Hauptversammlung, wenn es um die Satzung oder ihre Kapitalgrundlagen geht (§§ 119 Abs. 1 Nr. 5 und 6 AktG), also um gewichtige Entscheidungen; so z. B. um die Zustimmung zu Unternehmensverträgen §§ 291, 292 AktG, Beherrschungs- und Gewinnabführungsverträgen, § 291 AktG, die Übertragung des gesamten Vermögens, § 179a AktG, den Ausschluss von Minderheitsaktionären, § 327a AktG, sowie um Verschmelzung, Spaltung und Rechtsformwechsel.

Die Hauptversammlung entscheidet durch *Beschluss* (i.d.R. **360** durch einfache Mehrheit, § 133 AktG). Bei Verstößen gegen gesetzliche Erfordernisse sind die Beschlüsse nichtig (§ 241 AktG, Ausnahmefall) oder anfechtbar. Diese Anfechtung ist gänzlich verschieden von der Anfechtung des BGB. Sie erfolgt durch Gestaltungsklage und hat ein anderes Ziel: die Unwirksamkeit des Beschlusses (§§ 243 ff. AktG).

d) Aktionär

Aktionär einer AG kann man auf mehrere Weisen werden: **361** durch Übernahme bei Gründung (§§ 2, 29 AktG), die Zeichnung junger Aktien bei Kapitalerhöhung (§§ 182 ff. AktG) und durch abgeleiteten Erwerb (Kauf). Die Aktie ist ein *Wertpapier*; zur Ausübung der aus ihr resultierenden Rechte ist der Besitz erforderlich oder zumindest eine Hinterlegungsbescheinigung. Zur Übertragung einer Aktie ist die Übereignung des Papiers nach allgemeinen sachenrechtlichen Grundsätzen erforderlich (§§ 929 ff. BGB; Ausnahme: Aktien, die auf Namen ausgestellt sind). Jedoch finden sich in §§ 18 ff. DepotG Regelungen für den Fall, dass cinc bcauftragte Bank als Kommissionär (§§ 383 ff. HGB) handelt und für den Auftraggeber Aktien erwirbt. Die Übertragung von Aktien wird somit mehr oder minder zu einem Buchungsvorgang zwischen Banken.

Der Aktionär übt *keinen eigenen Einfluss* auf die AG aus; er **362** kann seinen Einfluss rechtlich nur auf der Mitgliederversammlung ausüben (§ 118 Abs. 1 AktG). Die Hauptrechte des Aktionärs sind daher die *Teilnahme und Stimmrechte auf den Hauptversammlungen* (§§ 12, 133 ff. AktG; Ausnahme: stimmrechtslose Vorzugsaktien, §§ 12 Abs. 1 S. 2, 139 ff. AktG), das *Anfechtungsrecht gegen Beschlüsse der Hauptversammlung* (§§ 241 Nr. 5, 243 ff. AktG) und das Informationsrecht (§§ 131, 132 AktG).

363 Die Motivation des Aktionärs ist i.d.R. das *Dividendenrecht* gem. § 58 Abs. 4 AktG, d. h. das Recht, dass ein Beschluss aufgestellt wird, ob und wie der Gewinn verteilt wird. Die Aktionäre haben aber keinen direkten Anspruch auf die Verteilung des Bilanzgewinnes, sondern nur auf die Verteilung des Betrages, der sich aufgrund des Hauptversammlungsbeschlusses über die Gewinnverwendung ergibt (§ 174 Abs. 2 Nr. 2 AktG). Neben dem Dividendenanspruch gibt es für den Aktionär noch die weniger interessante Teilnahme am Liquidationserlös, § 271 AktG.

364 Dem Aktionär obliegt auch eine *Treuepflicht*. Er darf die AG nicht durch Beeinflussung der Organe schädigen; anderenfalls wird er gem. § 117 AktG schadensersatzpflichtig.

4. Haftung

365 Die Mitglieder einer AG (Aktionäre) werden gem. § 1 Abs. 1 S. 2 AktG nicht verpflichtet, d. h. sie müssen für Verbindlichkeiten der AG nicht einstehen. Für die Verbindlichkeiten haftet allein das Gesellschaftskapital. Da den Gläubigern der AG *nur das Gesellschaftskapital* haftet, soll es vor Entnahmen geschützt werden, und es ist daher in der Bilanz auf der Passivseite zu führen, § 266 Abs. 3 HGB. So wird sichergestellt, dass nicht über Gewinnausschüttungen (Verteilung des Bilanzgewinnes nach § 57 AktG) das Gesellschaftsvermögen unter die Haftungssumme geschmälert werden kann (*Grundsatz der Kapitalaufbringung und Kapitalerhaltung*).

366 Die Gründungsmitglieder einer AG können jedoch der AG wegen Verletzung von Pflichten haften, §§ 46 ff. AktG.

VII. Gesellschaft mit beschränkter Haftung – GmbH

1. Einleitung

Eine der verbreitetsten Gesellschaftsformen ist die GmbH. 367
Sie ist dies wegen der Vorzüge der beschränkten Haftung und weil nur ein geringes Stammkapital zu erbringen ist. Wegen der Ähnlichkeit der GmbH mit der AG wird diese auch als kleine AG bezeichnet.

a) Allgemeines

Die GmbH ist eine *juristische Person* des Zivilrechts, § 13 368
Abs. 1 GmbHG. Die Gründung einer GmbH ist erheblich einfacher als die Gründung einer AG. So bedarf es eines notariellen Gesellschaftsvertrags, § 2 GmbHG, wobei sich der Mindestinhalt aus § 3 GmbHG ergibt. Das Stammkapital braucht sich nur auf *mind. 25.000 Euro* zu belaufen (§ 5 GmbHG). Mittlerweile kann eine GmbH auch mit weniger als 25.000 Euro gegründet werden, dann muss sie jedoch in der Firma (ihrem Namen) abweichend von § 4 die Bezeichnung „Unternehmergesellschaft (haftungsbeschränkt)“ oder „UG (haftungsbeschränkt)“ führen.

Die Stammeinlage eines Gesellschafters entspricht der Aktie 369
bei der AG, d. h. sie stellt die Beteiligung dar. Bei Einlagen, die nicht in Geld erfolgen, muss dies in den Gesellschaftsvertrag aufgenommen werden, § 5 Abs. 4 GmbHG. Die Bestellung des oder der Geschäftsführer ist zwingende Voraussetzung für die Handlungsfähigkeit, § 6 GmbHG. Dann muss mind. ¼ jeder Stammeinlage erbracht werden, aber mind. 12.500 Euro, § 7 Abs. 2 GmbHG. Sacheinlagen sind in Gänze einzubringen. Erst dann erfolgt die Anmeldung zum Handelsregister (§§ 7, 8 GmbHG).

Anders als die AG hat die GmbH keine Kapitalansammel- 370
funktion, sie ist im Bestand ihrer Mitglieder konsistenter. Aufgrund dessen ist die Möglichkeit zur Ausgestaltung der Gesellschaftssatzung bei der GmbH durch den Gesetzgeber etwas großzügiger ausgefallen. Häufig wird daher eine Struktur gewählt, die

personalistischer ist (d. h. mehr auf einzelne Personen bezogen); dies ähnelt dann mehr der Ausgestaltung einer OHG.

371 Mittlerweile ist die Gründung einer *Einpersonen-GmbH* gesetzlich anerkannt (seit Oktober 2008 in § 2 Abs. 1a GmbHG i.V.m. dem Musterprotokoll).

b) Entstehung

372 Die GmbH entsteht mit der Eintragung in das Handelsregister, bis dahin besteht nur eine Vor-GmbH. Diese wurde früher als BGB-Gesellschaft angesehen, und die BGB-Vorschriften fanden Anwendung. Mittlerweile geht die ganz h.M. davon aus, dass die Regelungen über die GmbH insoweit anzuwenden sind, als die anzuwendenden Normen keine Eintragung voraussetzen. Sollte der Geschäftsführer vor der Eintragung für die GmbH gehandelt haben, so haftet er gem. § 11 Abs. 2 GmbHG selbst und unbeschränkt. Hierdurch soll der Geschäftsführer angehalten werden, auf eine schnelle Eintragung der GmbH hinzuwirken.

373

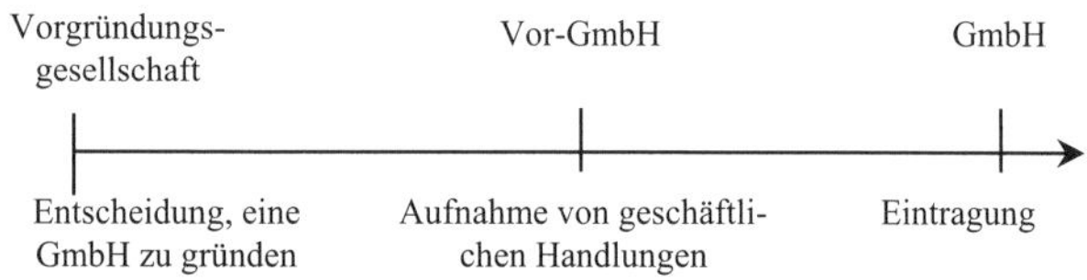

Damit trotzdem genügend Haftungsmasse besteht, geht die h.M. nun davon aus, dass die Gesellschafter für Verbindlichkeiten vor Eintragung zwar nicht persönlich haften, aber solange an die GmbH leisten müssen, bis sie die Höhe des Stammkapitals erreichen (sog. unbeschränkte Innenhaftung). Im Falle einer Überschuldung kann die Summe größer sein als das vorgesehene Stammkapital.

374 Mit der Eintragung wird die GmbH Rechtsnachfolgerin der Vor-GmbH.

2. Verein

375 Die GmbH ist genau wie die AG ein Verein im weiteren Sinne, so dass zwischen dieser und der AG viele Parallelen bestehen. So

hat auch die GmbH eine Satzung und – um handlungsfähig zu sein – bestimmte Organe, die in der Satzung vorgesehen sein müssen (wobei zugleich die Kompetenzzuteilung stattfindet).

3. Haftung der Gesellschaft

Die Gläubiger der GmbH können sich *nur an das Gesellschaftsvermögen* halten, § 13 Abs. 2 GmbHG. Das Stammkapital ist in der Satzung zu fixieren (§ 3 Abs. 1 Nr. 3 GmbHG). Die GmbH ist kraft Rechtsform Handelsgesellschaft, § 13 Abs. 3 GmbHG. Wegen der enormen Bedeutung des Stammkapitals für die Gläubiger ist daher ein besonderer Schutz des Stammkapitals erforderlich. So sind die Grundsätze der *Kapitalaufbringung und Kapitalerhaltung* zu beachten. 376

Kapitalaufbringung:

- Mindeststammkapital 25.000 Euro, § 5 Abs. 1 GmbHG
- Bar- oder Sacheinlagen, § 5 Abs. 4 GmbHG
- Fehlbetragshaftung für überbewertete Sacheinlagen, § 9 GmbHG
- „verdeckte Sacheinlagen“ werden nach Wert behandelt
- Unterbilanzhaftung analog § 9 GmbHG

Kapitalerhaltung:

- Erhaltung des Stammkapitals §§ 30, 31 GmbHG
- Schadensersatz bei Treuepflichtverletzungen
- Haftung wegen Existenzvernichtung
- Verbot kapitalersetzender Darlehen (früher §§ 32a, 32b GmbHG → jetzt u.a. § 135 InsO)

a) Kapitalaufbringung und -erhaltung

Die Einlagen müssen zur *eigenen, freien Verfügung* der Gesellschaft stehen, d. h. die Gesellschafter dürfen keine eigenen Rechte mehr an den Einlagen haben, und die Werte müssen 377 tatsächlich bei der GmbH ankommen. Ansonsten besteht die Gefahr, dass die Einlagen nur scheinbar erbracht werden. Aufrechnung, Stundung und Erlass der Gesellschaftereinlagen sind unzulässig, § 19 GmbHG. Zur Sicherstellung des Wertzuflusses bei der Gesellschaft sind nicht alle Leistungen der Gesellschafter als Stammeinlage zugelassen. Es besteht die Gefahr, dass Posten eingebracht und zu hoch bewertet werden (ähnlich auch bei der AG, § 27 AktG). Damit Sacheinlagen zulässig sind, muss die Einlage einen *fassbaren Vermögenswert* besitzen. Dieser muss *zur freien Verfügung* der Gesellschaft gelangen können. Bei Forderungen gegen einen Gesellschafter muss die Forderung mehr wert sein als das bloße Forderndürfen (der Gesellschafter muss zugleich einen gegenwärtigen Vermögenswert verlieren).

Bei Sacheinlagen ist daher zweistufig zu verfahren:

1. Ist die Sacheinlage einlagefähig?
2. Ist der Wert der Sacheinlage ordnungsgemäß bemessen?

378 Von daher haben sich als einlagefähig erwiesen: Eigentum, unentgeltliche dingliche Nutzungsrechte (die Übertragbarkeit ist für die Einlagefähigkeit nicht erforderlich). Nicht einlagefähig ist damit z. B. die Verpflichtung, unentgeltlich auf eine bestimmte Dauer für die Gesellschaft in einer Funktion tätig zu werden (für die AG ausdrücklich in § 27 Abs. 2 AktG).

379 Um nicht den o. g. Grundsatz zu konterkarieren, muss das eingebrachte Vermögen auch bei der GmbH verbleiben. Aus diesem Grund ist – wie bei der AG – das Stammkapital auf der Sollseite der Bilanz zu führen (§ 266 Abs. 3 A. I. HGB i.V.m. § 42 GmbHG). Dies führt dazu, dass das Kapital nicht bei einer Gewinnverteilung „verloren gehen kann", denn gem. §§ 29, 30 GmbHG ist eine Verteilung der Gewinne nur möglich, wenn das Stammkapital erhalten bleibt (allerdings verbietet § 30 GmbHG nur die Auszahlung der zur Erhaltung des Stammkapitals erforderlichen Geldbeträge, nicht des Gesellschaftskapi-

tals). Dem zuwider gezahlte Gewinne müssen gem. § 31 GmbHG zurückgezahlt werden. Für den Fall, dass die Leistung vom Empfänger nicht mehr zu erlangen ist, müssen sogar die anderen Gesellschafter anteilig (je nach Beteiligung an der GmbH) den Ausfall übernehmen.

Fall 47: a) Eine GmbH soll in das Handelsregister eingetragen werden, als Einlagen sind folgende vorgesehen: G 1 bringt seinen alten Pkw für 20.000 Euro ein (realer Wert 18.000 Euro), G 2 eine Forderung gegen den insolventen Schuldner S in Höhe von 20.000 Euro, und G 3 will 2 Jahre umsonst für die GmbH als Geschäftsführer Dienste im Wert von 40.000 Euro verrichten. Ist dies eine ordnungsgemäß zu gründende GmbH?

b) Was ist, wenn G 3 40.000 Euro zahlen soll und die GmbH eingetragen wird und ihre Geschäfte aufnimmt. Der Gläubiger L hat nach einem Jahr eine Forderung in Höhe von 80.000 Euro gegen die GmbH. Die GmbH hat zu diesem Zeitpunkt als Kapital nur die 40.000 Euro des G 3 und den Pkw des G 1, weil (wie zu erwarten) die Forderung gegen den insolventen S nur 1.000 Euro in der Vollstreckung brachte. Ansprüche?

Lösungen: a) Im Grundfall ist keine GmbH entstanden, weil die Leistung des G 3 nicht einlagefähig ist.

b) Die GmbH hat einen Anspruch gegen G 1 auf die noch nicht erbrachten 2.000 Euro, die das Auto minder wert war, und auf 19.000 Euro gegen G 2 wegen des Minderwertes der Forderung. D. h. L kann von der GmbH 80.000 Euro verlangen und auch wegen dieser (nach erfolgreichem Prozess etc.) vollstrecken lassen. Hierbei kann er ggf. auch die beiden Ansprüche der GmbH gegen G 1 und G 2 pfänden lassen, wenn diese bis dahin nicht an die GmbH geleistet haben. Aus den so gepfändeten Ansprüchen kann er dann gegen G 1 und G 2 auf 2.000 Euro bzw. 19.000 Euro vorgehen.

b) Kapitalersetzende Darlehen

380 Von großer Bedeutung ist auch die Rückzahlungsverpflichtung der Gesellschaft aus Darlehen, die ihr die Gesellschafter gewährt haben. In diesen Fällen fragt es sich, warum der Gesellschafter nur ein Darlehen gibt und nicht Kapital nachschießt. Wenn der Gesellschafter das Risiko scheut, sein Geld aus der Gesellschaft nicht wieder heraus zu bekommen, dann könnte er der Gesellschaft ein Darlehen geben, um im Falle der Insolvenz wenigstens eine Insolvenzquote zu bekommen. Zum Schutze des Haftungskapitals sahen früher §§ 32a, 32b GmbHG Regelungen vor, die die Gläubiger schützten. Mittlerweile sind diese Regelungen über die InsO verstreut worden (insbes. § 135 InsO und §§ 39, 44a, 135, 143 InsO, die u.a. als wichtige Folge eine Anfechtbarkeit der Rechtshandlung und eine Nachrangigkeit vorsehen).

4. Kompetenzen und Organe

381 Notwendige Organe der GmbH sind Geschäftsführer (§ 6 GmbHG) und Gesellschafterversammlung (§§ 45 ff. GmbHG).

a) Geschäftsführer

382 Der Geschäftsführer muss kein Gesellschafter sein (wird er aber häufig). Die Leitung des Unternehmens obliegt dem/n Geschäftsführer/n §§ 35 ff. GmbHG. Die *Vertretungsmacht* (§ 35 GmbHG) der Geschäftsführer ist *nach außen nicht beschränkbar* (§ 37 Abs. 2 GmbHG).

383 Im Falle der Vor-GmbH ist der Geschäftsführer auch gesetzlicher Vertreter der Vor-GmbH, aber seine Vertretungsmacht ist davon abhängig, ob eine Bar- oder eine Sachgründung vorliegt. Bei einer Bargründung darf er nur Maßnahmen ergreifen, die zur Gründung erforderlich sind, bei einer Sachgründung hingegen auch Maßnahmen, die der Erhaltung oder Verwaltung der Sacheinlagen dienen.

384 Die Aufgabenverteilung obliegt grds. dem Gesellschaftsvertrag, d. h. es gibt keine strikte Aufgabenzuweisung wie bei der

AG. Sofern nichts geregelt ist, geht das Gesetz davon aus, dass dem Geschäftsführer alle Aufgaben obliegen und alle Kompetenzen zustehen. Die Rechte der Gesellschafter beschränken sich im Wesentlichen auf die Gewinnverteilung und die Überwachung der Geschäftsführung (§ 46 GmbHG). Es sind aber abweichende Regelungen denkbar, die (auch nicht geschäftsführenden) Gesellschaftern bestimmte Arten von Geschäften vorbehalten oder Geschäfte des Geschäftsführers von der Zustimmung der Gesellschafter abhängig machen. Der Geschäftsführer hat also nicht die selbständige Stellung eines Vorstandes bei der AG. Bei *schuldhaften Pflichtverletzungen* haftet der Geschäftsführer der GmbH gem. § 43 Abs. 2 GmbHG auf Schadensersatz. In Fällen der Insolvenzverschleppung (nicht rechtzeitige Beantragung eines Insolvenzverfahrens) haftet der Gesellschafter der Gesellschaft persönlich (§ 64 GmbHG) für die Verbindlichkeiten, die nach Insolvenzreife begründet wurden (auch den Insolvenzgläubigern gegenüber, §§ 823 Abs. 2 BGB i.V.m. § 64 S. 3 GmbHG).

b) Gesellschafterversammlung

Die Gesellschafterversammlung trifft ihre Entscheidungen **385**
durch Beschluss, § 48 GmbHG. Anders als bei der AG besteht zwischen der Gesellschafterversammlung (bei der AG Hauptversammlung)und dem Geschäftsführer (bei der AG dem Vorstand) ein *Über-/Unterordnungsverhältnis*, da die Gesellschafterversammlung gegenüber dem Geschäftsführer weisungsbefugt ist (§§ 37, 45, 46 Nr. 6 GmbHG).

Weitere wichtige Aufgaben sind gem. §§ 46 ff. GmbHG: **386**

- Feststellung des Jahresabschlusses und die Verwendung des Ergebnisses
- Einforderung von Einzahlungen auf die Stammeinlagen
- Rückzahlung von Nachschüssen
- Bestellung und Abberufung von Geschäftsführern sowie die Entlastung (= Entlassung aus der Haftung für Geschäftsführungshandlungen)

- Maßregeln zur Prüfung und Überwachung der Geschäftsführung
- Bestellung von Prokuristen und von Handlungsbevollmächtigten zum gesamten Geschäftsbetrieb.

5. Gesellschafter

387 Der Gesellschafter hat einen Anteil an der GmbH. Die Gesellschafter haben Mitverwaltungsrechte (insbes. Stimmrecht in der Gesellschafterversammlung, §§ 45 ff. GmbHG, und Auskunfts- und Einsichtsrechte, § 51a GmbHG) sowie Vermögensrechte (wichtig ist der Anspruch auf Teilhabe am Jahresgewinn, § 29 GmbHG).

388 Der Geschäftsanteil eines Gesellschafters bestimmt sich nach dem Verhältnis seiner Einlage zum Stammkapital, § 14 GmbHG. Nach der Höhe der Stammeinlage bemisst sich auch sein Stimmrecht, § 47 GmbHG. Gem. § 15 Abs. 1 GmbHG sind die Geschäftsanteile veräußerlich. Da es sich um nicht verbriefte Rechte handelt, werden sie gem. §§ 398, 413 BGB abgetreten, wobei notarielle Form erforderlich ist (§ 15 Abs. 2, 3 GmbHG).

389 Nach neuer Rspr. haften die Gesellschafter untereinander im Innenverhältnis unbeschränkt. Dies ist insbesondere bei der Vor-GmbH von Bedeutung.

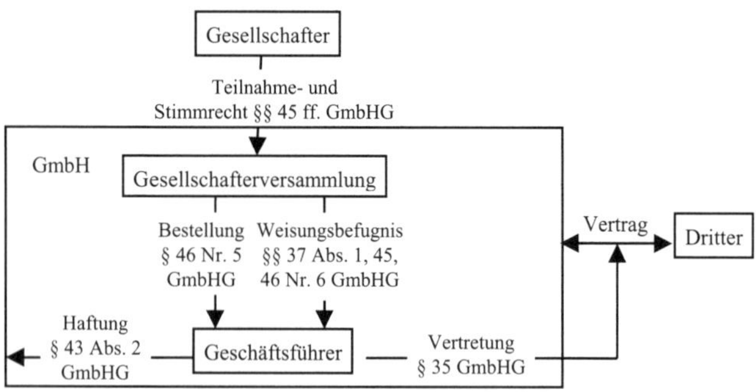

Zusammenfassung zur GmbH:
- juristische Person, § 13 Abs. 1 GmbHG
- Haftung nur mit dem Gesellschaftsvermögen, § 13 Abs. 2 GmbHG
- Gründung durch Vertrag, Mindestinhalt gem. § 3 GmbHG:
  - Firma und Sitz
  - Gegenstand des Unternehmens
  - Betrag des Stammkapitals
  - Betrag der von jedem Gesellschafter auf das Stammkapital zu leistenden Einlage (Stammeinlage)

VIII. GmbH & Co. KG

Die GmbH & Co. KG ist eine Verbindung von Kapital- und **390** Personengesellschaft. Ihrem Gesamtcharakter nach ist sie jedoch eine Personengesellschaft.

1. Rechtliche Vorzüge der GmbH & Co. KG

Eine KG kann gegenüber einer GmbH vorteilhaft sein, weil bei **391** einer GmbH nur der berichtigte Jahresüberschuss bzw. Bilanzgewinn verteilt werden darf (§ 29 GmbHG). Dies resultiert aus der gesetzgeberischen Intention, das Stammkapital zu erhalten, denn nur dieses haftet den Gläubigern (s. o.). Bei einer KG dagegen besteht eine solche Bindung des Kapitals nicht, da der Komplementär voll haftet und der Gesetzgeber so die Gläubiger genügend geschützt sah. Die Gewinnausschüttung ist bei der KG nur an den Jahresgewinn gekoppelt (§§ 120, 161 Abs. 2, 167 Abs. 1 HGB). Zudem lässt sich die Beteiligung des Kommanditisten an Verlusten abbedingen (die §§ 167 ff. HGB sind dispositives Recht). Nachteil der KG ist die unbeschränkte Haftung des Komplementärs.

Wenn man nun beide Vorteile verknüpfen möchte, dann bie- **392** tet sich eine GmbH & Co. KG an. Dies gilt insbesondere, wenn man eine Gesellschaft benötigt, die über ein größeres Kapital verfügen muss. Wählt man die GmbH allein, dann hat man gebundenes Stammkapital. Wählt man die KG allein, dann muss man jemanden finden, der die volle Haftung als Komplementär übernimmt. Eine solche Person findet sich schwer, wenn man ihr nicht zugleich andere Vorteile bietet. Man kann sich eine solche Person aber „bauen".

2. Konstruktion

393 Der Vorteil entsteht dadurch, dass eine KG aus einem Vollhafter (Komplementär) und (ein oder mehreren) Kommanditisten (beschränkt Haftenden) besteht. Wenn man nun wie in einem Baukastensystem eine GmbH als juristische Person nimmt und diese in die KG als Komplementär einbaut, dann hat man einen Vollhafter, der per se aber nur mit seinem Stammkapital haftet. Die Kommanditisten können dann ruhig natürliche Personen sein, da sie als Kommanditisten nur bis zur Höhe ihrer Einlage haften. Wenn jetzt noch die GmbH durch die Kommanditisten der KG gegründet wird, dann haben diese eine Personengesellschaft, mit der sie faktisch nur beschränkt haften.

394 Wegen der unterschiedlichen Konstruktionen bezüglich der Mitbestimmung in KG und GmbH ist es erforderlich, die Gesellschaftsverträge sinnvoll aufeinander abzustimmen, wenn die Kommanditisten der KG auch Gesellschafter der GmbH sind. Bei Beschlussfassungen können unterschiedliche Prinzipien (Einstimmigkeitsprinzip bei der KG und Mehrheitsprinzip bei der GmbH) aufeinander prallen.

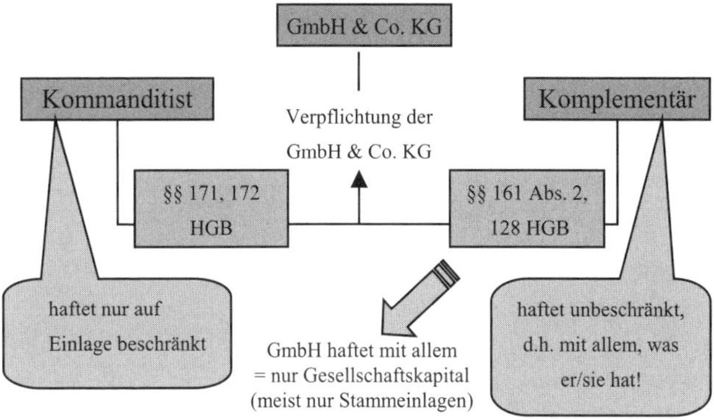

Ein-Mann GmbH & Co. KG

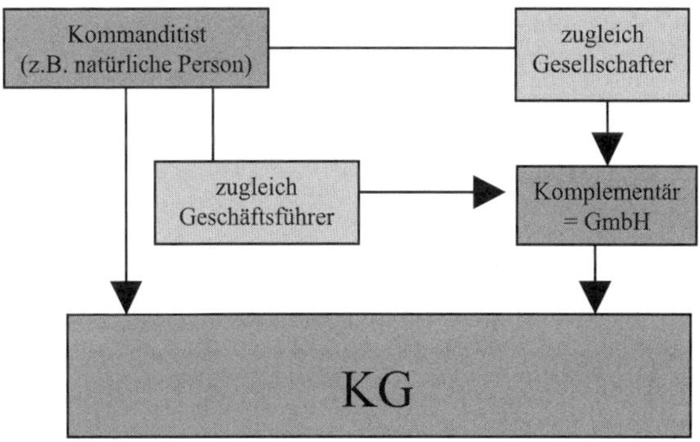

3. Anwendung von GmbH-Recht

Bei der Konstruktion der GmbH & Co. KG besteht die Gefahr, dass Dritte übervorteilt werden. Da die GmbH & Co. KG eine KG ist, führt die Geschäfte regelmäßig (nach dem Gesetz, Abweichungen sind vereinbar, § 164 HGB) der Komplementär, d. h. die GmbH (diese wiederum durch ihren Geschäftsführer, § 35 GmbHG), §§ 161 Abs. 2, 115 HGB. Vertreten wird die GmbH & Co. KG als KG durch den Komplementär, d. h. die **395**

GmbH (durch ihren Geschäftsführer § 35 GmbHG), §§ 161 Abs. 2, 125, 126 HGB. Etwas Abweichendes ist im Gesellschaftsvertrag nicht vereinbar, § 170 HGB.

396 Alles Wichtige hat die GmbH in der Hand, obwohl diese faktisch eine beschränkte Haftung hat. Daher wurde eine Rechtsfortbildung vorgenommen. Einige Regelungen des GmbH-Rechts sind anwendbar. So sind z. B. die Regelungen der §§ 30, 31, 64 GmbHG wegen ihrer Schutzfunktion auch auf die GmbH & Co. KG anwendbar. Es zeichnet sich aber auch die Tendenz des Gesetzgebers ab, zum Schutz des Rechtsverkehrs immer mehr Regelungen über die Kapitalgesellschaften auch auf die GmbH & Co. KG anzuwenden (§§ 19 Abs. 2, 125a, 130a, 177a HGB, einige sind nach dem MoMiG im Insolvenzrecht angesiedelt).

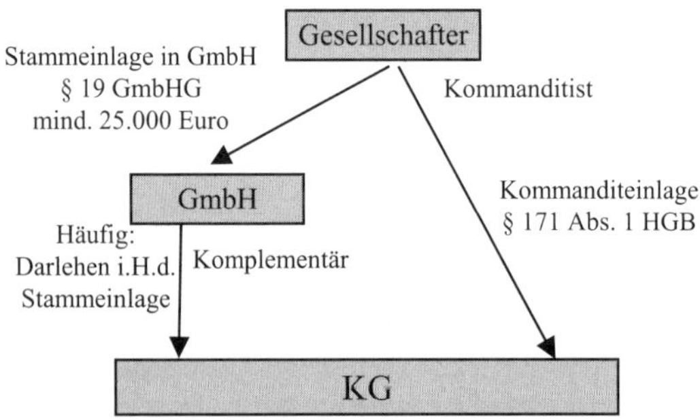

Damit die Einlage des Kommanditisten nicht in einer Zahlung an die GmbH liegt, sieht § 172 Abs. 6 HGB vor, dass eine solche Zahlung nicht haftungsbefreiend wirkt.

IX. Annex: Weitere Gesellschaftsformen im Kurzüberblick

397 Im Gesellschaftsrecht gilt ein numerus clausus, d. h. es können nur im Gesetz geregelte Gesellschaften gegründet werden (insbes. keine GbR mbH). Die weiteren weniger bedeutsamen Gesellschaften werden nur im Abriss hinsichtlich ihrer Merkmale dargestellt.

1. Stille Gesellschaft

Die stille Gesellschaft ist in den §§ 230 ff. HGB geregelt. **398** Kennzeichen ist, dass ein „Gesellschafter“ nur Kapital einbringt und sich nicht an der Mitarbeit im Unternehmen beteiligt; sie ist daher von der KG abzugrenzen. Bei der stillen Gesellschaft betreibt der stille Gesellschafter das Handelsgewerbe nicht selbst, sein Gesellschaftszweck ist die Förderung des Geschäftsinhabers. Charakteristisch ist, dass der Stille die Einlage so erbringen muss, dass sie in das Vermögen des Inhabers übergeht. Allein der Geschäftsinhaber wird nach außen berechtigt und verpflichtet. Anders als bei der GbR und den anderen Personengesellschaften wird kein Gesamthandsvermögen gebildet. Die stille Gesellschaft ist eine *reine Innengesellschaft*. Vorteil der Gesellschaftsform ist, dass Kapital akquiriert werden kann, ohne dass der Geldgeber in die Geschäfte hineinreden kann und ohne dass dieser nach außen in Erscheinung tritt. Für den Stillen liegt der Vorteil in der Anonymität und dem Fehlen einer Haftung, allerdings zu Lasten der Beteiligung am Gesellschaftsvermögen und an der Geschäftsführung.

Die Gewinne und Verluste werden nach dem Gesellschafts- **399** vertrag verteilt, wenn nichts geregelt ist nach §§ 231 ff. HGB (wobei die Verlusttragung häufig ausgeschlossen wird).

2. EWIV (Europäische wirtschaftliche Interessenvereinigung)

Die EWIV ist ein grenzüberschreitender Zusammenschluss **400** innerhalb einer Personengesellschaft; sie ähnelt der OHG. Die EWIV beschränkt sich nach Art. 3 Abs. 1 EWIV-VO auf Hilfstätigkeiten für ihre Mitgliedsunternehmen und ist nicht auf eigene Gewinnerzielung aus (was nicht ausschließt, dass Gewinne anfallen, nur muss der Fördergedanke im Vordergrund stehen), sie will die wirtschaftliche Tätigkeit ihrer Mitglieder fördern. Ihre Rechtsgrundlage findet die EWIV in Art. 352 AEUV und der auf diesem beruhenden Verordnung. Darüber hinaus findet das EWIVAG Anwendung (welches z. T. auf die

§§ 105 ff. HGB verweist). Die Haftung innerhalb der EWIV ist der OHG ähnlich ausgestaltet.

401 Mitglieder der EWIV können natürliche und juristische Personen sowie alle Gesellschaftsformen sein; häufigste Mitglieder sind Anwaltssozietäten.

3. Partnerschaften

402 Nach § 1 PartGG ist der Zweck einer Partnerschaft die *gemeinsame Ausübung* eines *freien Berufs* (definiert in § 1 Abs. 2 PartGG) durch natürliche Personen. Wichtigste Elemente sind gem. § 7 PartGG die Anwendung des § 124 HGB (*Teilrechtsfähigkeit*) und der §§ 125 Abs. 1, 126, 127 HGB (Vertretung). Gem. § 8 PartGG haften die Partner *neben der Gesellschaft persönlich und unbeschränkt als Gesamtschuldner*, wobei die §§ 129, 130 HGB durch Verweisung zur Anwendung kommen. Allerdings kann, wenn nur ein Partner allein mit einem Geschäft befasst war, die Haftung auf den handelnden Partner und die Partnerschaft beschränkt sein, § 8 Abs. 2 PartGG. Wichtig ist insoweit, dass eine § 128 HGB entsprechende Regelung hier nicht existiert.

4. KGaA (Kommanditgesellschaft auf Aktien)

403 Die KGaA ist eine Kapitalgesellschaft mit eigener Rechtspersönlichkeit (jur. Pers.), in der ein Komplementär vorhanden ist und die Kommanditistenrolle durch Aufbringung von Kapital vorgenommen wird, das in Aktien zerlegt ist (§ 278 AktG).

5. Genossenschaft

404 Eine Genossenschaft ist eine Gesellschaft mit nicht geschlossener Mitgliederzahl, welche die Förderung des Erwerbes oder der Wirtschaft ihrer Mitglieder mittels gemeinschaftlichen Geschäftsbetriebs bezweckt.

6. SE (Europäische Aktiengesellschaft)

Die SE ist eine europarechtliche Gesellschaft, die grenzüberschreitend durch Gesellschaften in mindestens zwei EU-Staaten gegründet werden kann. Eine Sitzverlegung von einem Staat in den anderen ist möglich. Durch die teilweise unterschiedlichen nationalen Ausführungsgesetze und durch die ergänzende Heranziehung sonstiger nationaler Vorschriften handelt es sich nicht um eine in allen EU-Staaten vollkommen einheitliche Rechtsform. **405**

X. Unternehmensmitbestimmung

Die Unternehmensmitbestimmung gibt den Arbeitnehmern einen gewissen Einfluss auf die Leitung eines Unternehmens. Sie ist von der betrieblichen Mitbestimmung nach dem BetrVG zu unterscheiden. Die betriebliche Mitbestimmung will den Arbeitnehmer in seiner arbeitsrechtlichen und sozialen Stellung schützen. **406**

Die Unternehmensmitbestimmung beruht auf unterschiedlichen Rechtsgrundlagen: **407**

1. Montan-Mitbestimmungsgesetz (Montan-MitbestG)

Der Betrieb muss der Montanindustrie angehören (oder von Unternehmen der Montanindustrie beherrscht werden) (§§ 1, 3 MitbestErgG) und *mehr als 1000 Arbeitnehmer* beschäftigen und als *AG oder GmbH* strukturiert sein. Der Aufsichtsrat ist *paritätisch besetzt* (Anteilseigner/Arbeitnehmer, § 4 Montan-MitbestG), dazu kommt ein *weiteres Mitglied*, auf das sich Anteilseigner- und Arbeitnehmerseite einigen müssen. Zudem ist gem. § 13 Montan-MitbestG ein besonderes Vorstandsmitglied (Arbeitsdirektor) zu bestellen. Der Arbeitsdirektor ist ein mit Personal- und Sozialangelegenheiten betrautes Mitglied des Vorstands, das nach dem Montan-MitbestG nicht gegen die Stimmen der Arbeitnehmer bestellt werden kann. **408**

2. Mitbestimmungsgesetz (MitbestG)

409 Erfasst werden Unternehmen *außerhalb des Montanbereichs*, die *mehr als 2000 Arbeitnehmer* beschäftigen, die als *AG, KGaA, GmbH oder Genossenschaft* betrieben werden, § 1 MitbestG. Auch hier wird ein Aufsichtsrat gebildet, der zu gleichen Teilen von Arbeitnehmer- und Anteilseignerseite besetzt wird, § 7 MitbestG. Bei Pattsituationen kommt der Stimme des Aufsichtsratsvorsitzenden entscheidende Bedeutung zu, § 29 MitbestG (Stichentscheid).

410 Auch hier ist ein Vorstandsmitglied zu bestellen (Arbeitsdirektor, s.o.).

3. Mitbestimmung gem. DrittelbeteiligungsG

411 Hierfür darf *weder* eine Mitbestimmung nach dem *Montan-MitbestG* vorliegen *noch* dürfen *mehr als 2000 Arbeitnehmer* beschäftigt werden, aber *nicht weniger als 500 Arbeitnehmer*. Ein *Drittel* der Aufsichtsratsmitglieder muss aus Vertretern der *Arbeitnehmerseite* bestehen. Auf diese Weise kann es sein, dass eine GmbH einen Aufsichtsrat haben muss, obwohl ein Aufsichtsrat für die GmbH nach § 52 GmbHG nur fakultativ ist.

412 Unternehmen unter 500 Arbeitnehmern unterliegen keiner Unternehmensmitbestimmung.

XI. Konzernrecht

413 Bisher wurden nur einzelne Unternehmen und deren Gesellschaftsform besprochen. Im Folgenden soll es kurz einen Überblick über Konzerne geben, d. h. über die wirtschaftliche Abhängigkeit von Unternehmen untereinander. Die Notwendigkeit des Konzernrechts resultiert daraus, dass abhängige Unternehmen von herrschenden Unternehmen unmittelbar oder mittelbar dominiert werden, was zur Benachteiligung von Gesellschaftern der beherrschten Unternehmen (und deren Gläubigern) führen kann. Die wesentlichen Regelungen des Konzernrechts finden

sich im AktG (§§ 15 ff., 291 ff.), obwohl es Konzerne auch auf der Ebene der GmbH geben kann.

Für die Anwendbarkeit des Konzernrechts kommt es darauf **414** an, ob ein herrschendes und ein abhängiges Unternehmen vorliegen, § 17 AktG. Ein herrschendes Unternehmen ist (unabhängig von der Rechtsform) anzunehmen, wenn von ihm Gefahren für ein anderes Unternehmen ausgehen, d. h. wenn es neben seiner Beteiligung an der Gesellschaft anderweitige Interessenbindungen aufweist, die nach Art und Intensität die ernsthafte Sorge begründen, dass es wegen seiner Bindung seine mitgliedschaftlichen Rechte am beherrschten Unternehmen für das beherrschte Unternehmen nachteilig ausübt. Es gibt zugleich in § 17 Abs. 2 AktG einen Vermutungstatbestand, wenn ein Unternehmen mehr als 50 % der Anteile an einem anderen Unternehmen hält.

Auch ist es möglich, dass eine Abhängigkeit durch mehrere **415** Unternehmen gemeinschaftlich stattfindet. Ansonsten könnte § 17 AktG durch Aufspaltung der Anteile auf mehrere Unternehmen, die miteinander verbandelt sind, umgangen werden.

Das Konzernrecht kennt in § 18 AktG, der zugleich das Vor- **416** liegen eines Konzerns regelt, drei Konzernformen:

1. Vertragskonzerne (§§ 291–310 AktG),
2. Konzerne kraft Eingliederung (§§ 319–327 AktG) und
3. faktische Konzerne (§§ 311–318 AktG).

Der Vertragskonzern entsteht gem. § 18 Abs. 1 S. 2 AktG **417** durch Beherrschungsvertrag (§ 291 AktG), der dem herrschenden Unternehmen insbesondere ein Weisungsrecht gem. § 308 AktG zuweist. Das abhängige Unternehmen muss auch für sich nachteilige Weisungen ausführen muss, § 308 Abs. 1 S. 2 AktG. Im Gegenzug für das Weisungsrecht muss das beherrschende Unternehmen gem. § 302 AktG die Verluste des beherrschten Unternehmens übernehmen.

Im faktischen Konzern wird der Ausgleich auf andere Weise **418** vorgenommen: Für Schädigungen durch die Veranlassung nachteiliger Maßnahmen ist ein finanzieller Ausgleich vorgesehen, §§ 317 Abs. 1 S.1 AktG i.V.m. § 311 Abs. 1 AktG. Wichtig ist im faktischen Konzern zudem, dass das herrschende Unternehmen einen Abhängigkeitsbericht vorzulegen hat, § 312 ff. AktG.

419 Das Konzernrecht bei Gesellschaften mbH ist überwiegend Richterrecht und kann hier nicht vertieft werden, ist aber ähnlich ausgestaltet und macht sich einige Analogien zum AktG zu nutze (z. B. § 302 AktG und die Haftung für existenzvernichtenden Eingriff).

420 Bei der Eingliederung besteht nur noch eine rechtliche Selbständigkeit, wirtschaftlich sind die Unternehmen in das herrschende Unternehmen eingegliedert. Aktionäre des abhängigen Unternehmens werden gem. § 320b AktG abgefunden. Für eine Eingliederung ist jedoch eine Beteiligung der Hauptgesellschaft mit mind. 95 % erforderlich. Nach der Eingliederung haftet die Muttergesellschaft für die Verbindlichkeiten ihrer Tochter mit dieser zusammen als Gesamtschuldner, § 322 AktG.

Kapitel 3. Schemata Handelsrecht

A. Definitionen

Kaufmann	Die Kaufmannseigenschaft eröffnet den Anwendungsbereich des HGB (Sonderprivatrecht). An sie sind verschiedene Rechte und Pflichten geknüpft.
Gewerbe	jede erlaubte, selbständige, nachhaltige und dauerhafte, auf Gewinnerzielung gerichtete (str. wohl nicht mehr zwingend erforderlich) Tätigkeit, die kein freier Beruf (vgl. § 1 Abs. 2 PartGG) ist.
Handelsregister	bei den Amtsgerichten geführtes öffentlich-rechtliches Register, das Auskunft über Tatsachen und Rechtslagen im Handelsrecht gibt.
Firma Personalfirma Sachfirma Phantasiefirma Mischform	Name, unter dem der Kaufmann (Einzelkaufmann oder Gesellschaft, § 6 HGB) seine Geschäfte betreibt (§ 17 Abs. 1 HGB). Firmenkern besteht aus bürgerlichem Namen eines Unternehmers Firmenkern weist auf Unternehmensgegenstand hin Firmenkern enthält Phantasieworte Firmenkern kombiniert die anderen Formen

B. Schemata

1 **Überblickschema:** Kaufmannseigenschaft

I. Formkaufmann (§ 6 HGB)

1. Kapitalgesellschaften
   a) § 3 Abs. 1 AktG, Aktiengesellschaft (AG)
   b) §§ 278 Abs. 3, 3 Abs. 1 AktG, Kommanditgesellschaft auf Aktien (KGaA)
   c) § 13 Abs. 3 GmbHG, Gesellschaft mit beschränkter Haftung (GmbH)
   d) § 3 SCEAG, Societas Europaea (SE)
   e) § 17 Abs. 2 GenG (beachte: Fiktion), eingetragene Genossenschaft (eG)
2. Personengesellschaften
   a) offene Handelsgesellschaft (OHG § 105 Abs. 1 HGB)
   b) Kommanditgesellschaft (KG §§ 161 Abs. 2, 105 Abs. 1 HGB)
   c) Ausnahmen:
      aa) Kleingewerbetreibende, § 2 HGB
      bb) Ausschließlich eigene Vermögensverwaltung, §§ 105 Abs. 2, 2 HGB

II. Istkaufmann (§ 1 Abs. 1 HGB)

1. Gewerbe (vgl. A. Definitionen)
2. Betrieb
3. Erforderlichkeit einer kaufmännische Einrichtung
   a) Art des Betriebs
   b) Umfang des Betriebes
4. kein Betrieb der Land- und Forstwirtschaft (§ 3 HGB)

III. Kaufmann kraft Eintragung (Fiktion nach § 5 HGB)

1. Eintragung der Firma im HReg
2. Kaufmannseigenschaft nach § 1 HGB fehlt oder ist zweifelhaft

IV. Kannkaufmann (§ 2 HGB)

1. kein Kaufmann nach § 1 HGB (beachte: sonst hat Eintragung nur deklaratorische Wirkung)
   a) Kleingewerbetreibende (§§ 2, 1 Abs. 2 HGB)
   b) ausschließlich eigene Vermögensverwaltung (§§ 2, 105 Abs. 2 HGB) *oder*
   c) Betriebe der Land- und Forstwirtschaft (§ 3 HGB)
2. Eintragung im HReg

V. Scheinkaufmann (Gewohnheitsrecht)

1. Unternehmer tritt auf wie ein Kaufmann
2. im Rechtsverkehr
3. gutgläubiger Dritten hinsichtlich der Kaufmannseigenschaft
4. kausal getroffene rechtsgeschäftliche Disposition des Dritten
5. RF: Dritter hat Wahlrecht, er kann sich berufen
   a) auf tatsächliche *oder*
   b) vermeintliche Rechtslage

Hinweis: Ein Scheinkaufmann kann sich nicht zu seinen Gunsten auf die Kaufmannseigenschaft berufen.

Überblickschema: Eintragung in das HReg (§§ 8 ff. HGB) 2

I. eintragungspflichtige Tatsachen

II. eintragungsfähige Tatsachen

1. im Gesetz vorgesehen
2. ohne gesetzliche Grundlage

III. nicht eintragungsfähige Tatsachen

IV. konstitutive Eintragung

V. deklaratorische Eintragung

3 **Überblickschema:** Publizität des HReg (§ 15 HGB)

I. negative Publizität (§ 15 Abs. 1 HGB)

1. eintragungspflichtige Tatsache
2. nicht eingetragen und bekanntgemacht
3. Gutgläubigkeit des Dritten bzgl. des Nichtbestehens der Tatsache
4. RF: Dritter hat Wahlrecht, er kann sich berufen
   a) ggü. Verantwortlichem auf wahre *oder*
   b) die sich aus § 15 Abs. 1 HGB ergebende Rechtslage

   Hinweis: „Rosinentheorie“: Dritter kann sich für jede Tatsache einzeln entscheiden, auf welche Rechtslage er sich beruft

II. positive Publizität

1. § 15 Abs. 2 HGB
   a) eintragungspflichtige Tatsache
   b) eingetragen und bekanntgemacht
   c) kein Ausschluss
      aa) Rechtshandlung innerhalb von 15 Tagen nach Bekanntmachung
      bb) Dritter kannte Tatsache nicht oder musste sie nicht kennen
   d) RF: Verantwortlicher kann Tatsache ggü. Drittem geltend machen
2. § 15 Abs. 3 HGB
   a) eintragungspflichtige Tatsache
   b) unrichtige Bekanntmachung (*beachte*: § 15 Abs. 3 HGB greift nur, wenn die unrichtige Bekanntmachung durch den Verantwortlichen veranlasst) (h.M.)

c) gutgläubiger Dritter hinsichtlich der Unrichtigkeit

d) RF: Wahlrecht des Dritten (s.o.)

III. Kaufmann kraft Eintragung (§ 5 HGB) (vgl. Ziff. V. Überblickschema Kaufmannseigenschaft)

Überblickschema: Zulässige Firmierung (§§ 17 ff. HGB) **4**

I. Kaufmann

II. Firmenkern (vgl. Definitionen)

1. Personalfirma
2. Sachfirma
3. Phantasiefirma
4. Mischform

III. Rechtsformzusatz (§ 19 Abs. 1 HGB)

1. eingetragene/r /Kauffrau/Kaufmann oder entspr. Abkürzung (e.K.)
2. offene Handelsgesellschaft oder entspr. Abkürzung (OHG)
3. Kommanditgesellschaft oder entspr. Abkürzung (KG)
4. Kennzeichnung einer Haftungsbeschränkung (§ 19 Abs. 2 HGB) (mbH)

IV. Firmengrundsätze (§ 18 HGB)

1. Firmenunterscheidbarkeit (§ 18 Abs. 1 HGB)
   a) Kennzeichnungseignung
   b) Unterscheidungskraft (beachte: § 30 HGB)
2. Firmenwahrheit (§ 18 Abs. 2 HGB)
3. Firmenbeständigkeit (§§ 21, 22, 23, 24 HGB)
4. Firmeneinheit (ein Unternehmen → nur eine Firma)
5. Firmenöffentlichkeit (§§ 29, 31 HGB)

Hinweis: Bei Verwendung einer unzulässigen Firma können Ansprüche aus § 37 Abs. 2 HGB, §§ 12, 823, 1004 BGB, dem UWG und MarkenG bestehen.

5 **Aufbauschema:** Haftung des Erwerbers bei Firmenfortführung (§ 25 HGB)

I. Handelsgeschäft

II. Erwerb

1. Unternehmensübertragung (basierend auf Kausalgeschäft, z.B. Kauf oder Schenkung)
2. Unternehmensüberlassung (basierend z.B. auf Pacht)
3. unter Lebenden (beachte: Abgrenzung zu § 27 HGB)

Hinweis: Auf die Wirksamkeit des Übernahmevertrages kommt es nicht an, lediglich auf den tatsächlichen Übergang.

III. Fortführung unter bisheriger Firma

1. tatsächliche Fortführung des Handelsgeschäfts
   a) in wesentlichem Bestand unveränderte
   b) Weiterführung
2. Firmenfortführung (beachte: wenn die Firma nicht fortgeführt wird, gilt § 25 Abs. 3 HGB; Haftung nur bei besonderem Verpflichtungsgrund)
   a) mit *oder*
   b) ohne das Nachfolgeverhältnis andeutenden Zusatz

   Hinweis 1: Die Erhaltung des Kerns der Firmierung ist ausreichend. Nicht erforderlich ist eine Wortlaut- oder buchstabengetreue Fortführung. Entscheidend ist, dass nach außen der Eindruck entsteht, dass das Geschäft von der gleichen Person betrieben wird).

   Hinweis 2: Auf die Zulässigkeit der Firma (vgl. Aufbauschema: Zulässige Firmierung) kommt es nicht an.

IV. keine abweichende Vereinbarung (§ 25 Abs. 2 HGB)

1. Eintragung und Bekanntmachung *oder*
2. Mitteilung ggü. Drittem

V. RF

1. Haftung des Fortführenden für alle im Betrieb des Geschäfts begründeten Verbindlichkeiten des früheren Inhabers (*beachte:* Es handelt sich um einen gesetzlichen Schuldbeitritt.)
2. (vgl. Schema) Haftung des früheren Inhabers gem. § 26 HGB

Aufbauschema: Haftung des früheren Inhabers bei Firmenfortführung (§ 26 HGB) 6

I. Haftung des Erwerbers

1. Fortführung der Firma (vgl. Aufbauschema Haftung des Erwerbers bei Firmenfortführung) *oder*
2. Kundmachung nach § 25 Abs. 3 HGB

II. Forderung ist innerhalb von 5 Jahren fällig

1. Fristbeginn
   a) § 25 Abs. 1 HGB mit dem Ende des Tages der Eintragung ins HReg
   b) § 25 Abs. 3 HGB mit dem Ende des Tages der Kundgabe des Übergangs
2. Entsprechende Anwendung der Verjährungsvorschriften (§§ 204, 206, 210 ff. BGB)

III. Ansprüche

1. nach § 197 Abs. 1-5 BGB festgestellt *oder*
2. schriftliche Anerkennung des früheren Firmeninhabers (§ 26 Abs. 2 HGB) *oder*
3. gerichtliche oder behördliche Vollstreckungsmaßnahmen vorgenommen oder beantragt

IV. RF: Zusätzliche Haftung des früheren Geschäftsinhabers

7 **Aufbauschema:** Haftung bei Eintritt in das Geschäft eines Einzelkaufmanns (§ 28 HGB)

I. Einzelkaufmann

II. Eintritt in das Geschäft

1. als persönlich haftender Gesellschafter *oder*
2. als Kommanditist

Hinweis: Auf die Fortführung der Firma kommt es nicht an.

III. keine abweichende Vereinbarung (§ 28 Abs. 2 HGB)

1. Eintragung und Bekanntmachung *oder*
2. Mitteilung ggü. Drittem

IV. RF

1. Haftung der Gesellschaft für alle im Betrieb entstandenen Verbindlichkeiten des früheren Geschäftsinhabers
2. Haftung des früheren Geschäftsinhabers
   a) weiterhin persönlich
   b) Begrenzung entsprechend § 26 HGB (§ 28 Abs. 3 HGB), wenn er zum Kommanditisten wird
3. Forderungen des früherem Geschäftsinhabers gelten als auf die Gesellschaft übergegangen (§ 28 Abs. 1 S. 2 HGB)

8 **Überblickschema:** Vertreter im Handels- und Gesellschaftsrecht

I. gesetzliche Vertreter

1. GbR (§§ 714, 709 ff. BGB)
   a) Gesellschafter
   b) zur Geschäftsführung berechtigt (bei GbR folgt die Vertretung der Geschäftsführung)
      aa) Grundsatz der gemeinschaftlichen Geschäftsführung aller (§ 709 Abs. 1 BGB)

(1) Ausnahme: Einzelgeschäftsführung (§ 710 S. 1 Var. 1 BGB)

(2) Ausnahme: Übertragung auf mehrere (§ 710 S. 1 Var. 2 BGB)

bb) kein Ausschluss (§ 710 S. 1 BGB)

cc) keine Entziehung (§ 712 Abs. 1 BGB)

dd) keine Kündigung des Gesellschafters (§ 712 Abs. 2 BGB)

2. OHG (§ 125 HGB)

a) Grundsatz: Einzelvertretung (§ 125 Abs. 1 HS. 2 HGB)

b) nicht von Vertretung ausgeschlossen (§ 125 Abs. 1 HS. 2 HGB)

c) keine Gesamtvertretung (§ 125 Abs. 2 S. 1 HGB) (*beachte:* Nur Aktivvertretung ist lediglich gemeinsam möglich; anders Passivvertretung, § 125 Abs. 2 S. 3 HGB)

d) keine gemischte Gesamtvertretung (§ 125 Abs. 3 S. 1 HGB)

3. KG (§§ 161 Abs. 2, 125, 170 HGB)

a) Gesellschafter

aa) Komplementär (s. OHG)

bb) kein Kommanditist (§ 170 HGB)

b) §§ 161 Abs. 2, 125 HGB (s. OHG)

4. eingetragener Verein (e.V.): Vorstand (§ 26 Abs. 1 S. 2 BGB)

5. GmbH: Geschäftsführer (§§ 35 Abs. 1 S. 1, 6 Abs. 1 GmbHG)

6. AG: Vorstand (§§ 78 Abs. 1 S. 1, 76 AktG)

II. Rechtsgeschäftliche Vertreter

1. Prokurist (§§ 49 ff. HGB)
2. Handlungsbevollmächtigter (§ 54 f. HGB)
3. Angestellter im Laden oder Warenlager (§ 56 HGB) (*beachte:* dogmatische Einordnung str.; wird teilweise als Rechtsscheinstatbestand betrachtet)
4. Bevollmächtigter (Art. 2 EGHGB, § 167 BGB)

9 **Aufbauschema:** Vertretung im Handels- und Gesellschaftsrecht

Hinweis: Die Vertretung richtet sich nach den §§ 164 ff. BGB mit einigen handelsrechtlichen Besonderheiten.

I. Zulässigkeit (kein höchstpersönliches Rechtsgeschäft)

II. eigene Willenserklärung des Vertreters

III. im Namen des Vertretenen

1. ausdrücklich (*beachte*: § 51 HGB zur Zeichnung des Prokuristen)
2. unternehmensbezogenes Rechtsgeschäft (§ 164 Abs. 1 S. 2 BGB)

IV. im Rahmen der Vertretungsmacht

1. gesetzlich
2. rechtsgeschäftlich (*beachte*: Umfang ist teilweise gesetzlich geregelt)

10 **Aufbauschema:** Prokura

I. Erteilung (§ 48 HGB)

1. Kaufmann oder dessen gesetzlicher Vertreter
2. ausdrückliche Erklärung (*beachte*: konkludente Erklärung ist nicht möglich)

Hinweis 1: Die Eintragung in das HReg ist zwingend (§ 53 Abs. 1 HGB); Wirkung aber nur deklaratorisch

Hinweis 2: Bei Fehlschlagen der Erteilung einer Prokura kommt eine Umdeutung in die Erteilung einer Handlungsvollmacht (als ein Weniger) gem. § 140 BGB in Betracht.

II. Art

1. Einzelprokura
2. Gesamtprokura (§ 48 Abs. 2 HGB) (*beachte*: Aktivvertretung ist nur gemeinsam möglich; gilt nicht für Passivvertretung)

Hinweis: Gesamtprokura ist als unechte Gesamtprokura möglich, z.B. § 125 Abs. 3 HGB; d.h. der gesetzl. Vertreter darf nur mit Prokuristen zusammen tätig werden)

III. Umfang (§ 49 HGB)

1. alle Arten von Geschäften
2. die der Betrieb des Handelsgewerbes mit sich bringt
3. gerichtlich und außergerichtlich
4. nicht Grundstücksgeschäfte (§ 49 Abs. 2 HGB)
5. keine Grundlagengeschäfte (z.B. Veräußerung des Betriebes selbst)

Hinweis: Beschränkungen sind nur im Innenverhältnis wirksam (§ 50 Abs. 1 HGB). Folglich bleibt die Vertretungsmacht (Außenverhältnis) bei der Überschreitung einer solchen Beschränkung bestehen. Vertretungsmacht ist nur in den Fällen der Evidenz oder der Kollusion ausgeschlossen.

IV. kein Erlöschen (§ 52 HGB)

Aufbauschema: Handlungsvollmacht 11

I. Erteilung (*beachte:* muss weder ausdrücklich noch durch einen Kaufmann erfolgen)

Hinweis: Eine Eintragung in das HReg ist nicht erforderlich.

II. keine Erteilung einer Prokura, sondern
1. Ermächtigung zum Betrieb des Handelsgewerbes *oder*
2. Ermächtigung zur Vornahme einer bestimmten Art von Geschäften i.R.d. Betriebs des Handelsgewerbes (Gattungsvollmacht) *oder*
3. Ermächtigung zur Vornahme bestimmter einzelner Geschäfte i.R.d. Betriebs des Handelsgewerbes (Spezialvollmacht)

III. Umfang
1. alle Arten von Geschäften (§ 54 Abs. 1 HS. 2 HGB),
a) die der Betrieb des Handelsgewerbes *oder*
b) die Vornahme derartiger Geschäfte mit sich bringt
2. Ausnahme (§ 54 Abs. 2 HGB)
a) Grundstücksgeschäfte
b) Wechselgeschäfte
c) Darlehensaufnahmen
d) Prozessführung
3. Beschränkungen gelten ggü. Dritten, wenn sie bekannt sind oder bekannt sein müssen (§ 54 Abs. 3 HGB)

IV. kein Erlöschen (Art. 2 EGHGB, §§ 168 ff. BGB)

12 **Aufbauschema:** Handelsgeschäft (§ 343 ff. HGB)

I. Kaufmann

II. Geschäft, das zum Betrieb eines Handelsgewerbes gehört (*beachte*: Abgrenzung zum Privatgeschäft wird erleichtert durch § 344 Abs. 1 HGB: Vermutung für das Vorliegen eines Handelsgeschäfts)

III. für einen der Vertragsparteien, wenn nicht etwas anderes bestimmt ist (§ 345 HGB)

IV. RF: Anwendung der Vorschriften über Handelsgeschäfte (s. §§ 346 ff. HGB)

Aufbauschema: Untersuchungs- und Rügeobliegenheit (§ 377 HGB) 13

I. wirksamer Kaufvertrag (beachte: gem. § 381 Abs. 2 HGB ist auch der Werklieferungsvertrag gem. § 651 BGB erfasst)

II. beiderseitiges Handelsgeschäft

III. RF: unverzügliche Untersuchungspflicht des Käufers (§ 377 Abs. 1 HGB)

IV. Sachmangel (beachte: Rechtsmangel ist nicht erfasst)

V. kein arglistiges Verschweigen des Mangels durch Verkäufer (§ 377 Abs. 5 HGB)

VI. RF: unverzügliche (§ 121 BGB) Anzeigepflicht (§ 377 Abs. 1, 3 HGB) (beachte: rechtzeitige Absendung der Anzeige genügt, § 377 Abs. 4 HGB)

1. nach Untersuchung (§ 377 Abs. 1 HGB)
2. nach Entdeckung, wenn sich Mangel später zeigt (§ 377 Abs. 3 HGB)

VII. Mangel bei Untersuchung erkennbar (§ 377 Abs. 2 HS. 2 HGB)

VIII. RF bei Unterlassung der Rüge: Ware gilt als genehmigt (§ 377 Abs. 2, 3 HGB)

IX. RF bei rechtzeitiger Anzeige: Rechte des Käufers aus § 437 BGB

Aufbauschema: Schweigen auf kaufmännisches Bestätigungsschreiben (Gewohnheitsrecht) 14

I. Vertragsverhandlungen mit Klärungsbedarf (idR bei Mündlichkeit)

II. zwischen

1. Kaufleuten *und/oder*

2. Beteiligten, die in kaufmännischer Weise am Geschäftsverkehr teilnehmen (*beachte*: erfasst sind daher auch Kleingewerbetreibende und Freiberufler)

III. echtes Bestätigungsschreiben (Absender geht von einem Vertragsschluss aus)

1. Abgrenzung von der Auftragsbestätigung (*beachte*: Absender geht erkennbar (Wille des Absenders, aber aus Empfängerhorizont) davon aus, dass der Vertragsschluss erst herbeigeführt werden soll)
2. Zugang (§ 130 BGB) in unmittelbarem zeitlichen Zusammenhang mit den Verhandlungen
3. inhaltlicher Zusammenhang mit den Verhandlungen
   a) Ergebnis der vorangegangen Verhandlungen soll verbindlich festgelegt werden
   b) Absender durfte vernünftigerweise mit einem Einverständnis des Empfängers rechnen

IV. kein unverzüglicher (§ 121 BGB) Widerspruch des Empfängers nach Zugang

V. RF: Schweigen des Empfängers gilt als Zustimmung

Hinweis 1: Eine Anfechtung wegen Irrtums bzgl. der Wirkung des Schweigens ist nicht möglich. Die handelsrechtlichen Bräuche würden andernfalls ausgehebelt, vgl. § 346 HGB.

Hinweis 2: Um ein deklaratorisches Bestätigungsschreiben handelt es sich, wenn die Verhandlungen tatsächlich einen Vertragsschluss zur Folge hatten (die Sicht des Absenders also der wahren Rechtslage entspricht). Das Bestätigungsschreiben und das Schweigen des anderen Teils legen hier lediglich den Inhalt des Vertrages fest. Um ein konstitutives Bestätigungsschreiben handelt es sich, wenn die Verhandlungen keinen Vertragsschluss zur Folge hatten (die Sicht des Absenders also nicht der wahren Rechtslage entspricht). Folge ist hier der Vertragsschluss mit Inhalt des Schreibens.

Aufbauschema: Primäransprüche aus Kommissionsvertrag (§§ 383 ff. HGB) 15

I. wirksamer Kommissionsvertrag

1. Vertrag zwischen Kommittent (muss kein Kaufmann sein) und einem

a) Kaufmann (muss nicht notwendig Kommissionär nach Gewerbe gem. § 383 HGB sein)

b) Kommissionär nach Gewerbe mit Kleinunternehmen (§ 383 Abs. 2 HGB)

2. Vertragsschluss gehört zum Betrieb des Handelsgewerbes des Kommissionärs (Vertragspartei wird Kommissionär genannt, auch wenn das nicht schon nach seinem Gewerbe der Fall ist)

Hinweis: Es handelt sich dabei um einen entgeltlichen Geschäftsbesorgungsvertrag gem. § 675 Abs. 1 BGB; daher gelten ergänzend zu den §§ 384 ff. HGB die Vorschriften der §§ 663, 665–670 BGB und §§ 672–674 BGB, was die ausdrücklichen Verweisungen in § 385 Abs. 2 und § 396 Abs. 2 HGB unterstreichen.

II. Pflichten des Kommissionärs

1. Vornahme von Geschäften mit Dritten (§ 384 Abs. 1 HGB)

a) Waren- oder Wertpapierkauf (§ 383 Abs. 1 HGB)

b) andere Geschäfte (§ 406 Abs. 1 HGB; sog. Gelegenheitskommission)

2. für Rechnung des Kommittenten

3. in eigenem Namen

4. Nachricht-, Anzeige-, und Rechenschaftspflicht (§ 384 Abs. 2 HS. 1 HGB)

5. Herausgabe des aus der Geschäftsbesorgung Erlangten (§ 384 Abs. 2 HS. 2 HGB) (insbes. die Abtretung erlangter Forderungen; § 392 Abs. 1 HGB)

III. Pflichten des Kommittenten

1. Zahlung vereinbarter Provision (§ 396 Abs. 1 HGB)
2. Aufwendungsersatz (§§ 396 Abs. 2 HGB, 670, 675 BGB)

Kapitel 4. Schemata Gesellschaftsrecht

A. Definitionen

Körperschaft	Zusammenschluss mehrerer Personen zur Förderung eines gemeinsamen Zwecks als juristische Person. Diese ist unabhängig vom Wechsel ihrer Mitglieder.
Kapitalgesellschaft	Ist eine Körperschaften (s.o.), bei der Gesellschafter nicht persönlich haften.
Außengesellschaft	ist eine GbR, die nach außen in Erscheinung tritt. Die Gesellschafter lassen erkennen, dass sie für eine GbR handeln.
Rechtsfähigkeit	Fähigkeit, selbständiger Träger von Rechten und Pflichten zu sein
Teilrechtsfähigkeit	Es können nur bestimmte Rechte und Pflichten zugewiesen werden.
Sozialverbindlichkeit	Verpflichtungen und Ansprüche zwischen Gesellschafter und Gesellschaft im Innenverhältnis
Eintrittsklausel	Vertragliche Regelung im Gesellschaftsvertrag, die dem/n Erben einen schuldrechtlichen Anspruch gegen die Gesellschafter auf Aufnahme in die Gesellschaft gibt (echter Vertrag zugunsten des/r Erben).

B. Schemata

16 **Überblickschema:** Gesellschaft

I. Gesellschaftsvertrag

1. Vertragsschluss
   a) bei Personengesellschaften
      aa) grundsätzlich formfrei möglich
      bb) konkludent möglich
   b) bei Kapitalgesellschaften
      aa) not. Beurkundung (z.B. § 2 GmbHG, § 23 Abs. 1 AktG)
      bb) Mindestinhalt gesetzlich vorgeschrieben (z.B. § 3 GmbHG, § 23 Abs. 2 AktG)
2. mehrerer Personen (bei Kapitalgesellschaften ist eine 1-Personen-Gründung möglich)
3. Numerus clausus der möglichen Gesellschaftsformen
   a) Personengesellschaft
   b) Kapitalgesellschaft

II. gemeinsamer Zweck

1. erlaubt
2. über das Interesse an der Anschaffung, Erhaltung und Nutzung einer Sache hinaus
3. bei OHG und KG: Betrieb eines Handelsgewerbes

III. Beitragspflicht der Gesellschafter

1. Förderung des Zwecks
2. in jeglicher Form

17 **Überblickschema:** Vereine

Hinweis: Der Verein ist die Urform einer Körperschaft. Daraus haben sich die Kapitalgesellschaften entwickelt.

I. Gründung

1. Zusammenschluss
2. mindestens 7 Personen (§ 56 BGB)
3. Organisationsvertrag
4. Satzung
5. Bestellung der Organe
   a) Vorstand (§§ 26 ff. BGB)
   b) Mitgliederversammlung (§§ 32 ff. BGB)

II. rechtsfähiger Verein (eingetragen)

1. Satzung sieht Rechtsfähigkeit vor (§ 57 Abs. 1 BGB)
2. nicht wirtschaftlich (Idealverein, § 21 BGB); Eintragung ins Vereinsregister nötig *oder*
3. wirtschaftlich (§ 22 BGB); staatl. Konzession nötig
4. keine persönliche Haftung der Mitglieder im Außenverhältnis

III. nicht rechtsfähiger Verein, nicht eingetragen (§ 54 BGB)

Hinweis: Gem. § 54 S. 1 BGB sind die §§ 705 ff. BGB anwendbar. Das gilt entgegen dem Wortlaut nur dann, wenn mangels Eintragung deren Anwendung geboten ist. Ansonsten finden die §§ 21 ff. BGB Anwendung (d.h. soweit diese keine Rechtsfähigkeit voraussetzen).

1. wirtschaftlich oder nicht wirtschaftlich
2. teilrechtsfähig
3. Vermögen steht der Gesamthand zu
4. persönliche Haftung des Handelnden im Außenverhältnis (§ 54 S. 2 BGB)
5. aktiv- und passivlegitimiert (§ 50 Abs. 2 ZPO)

IV. Vertretung durch den Vorstand (§ 26 BGB)

V. deliktische Haftung(§ 31 BGB)

Hinweis: § 31 BGB wird entsprechend auf alle Gesellschaften angewendet, die eine organschaftliche Struktur aufweisen, um die Deliktsfähigkeit herbeizuführen.

18 **Überblickschema:** Rechtsfähigkeit von Personengesellschaften

I. GbR
   1. Innengesellschaft → nicht rechtsfähig
   2. Außengesellschaft → teilrechtsfähig
      a) nicht gesetzlich normiert
      b) §§ 714, 718, 719 BGB sprechen für eine Gesamthandsgemeinschaft
      c) § 11 Abs. 2 Nr. 1 InsO, § 899a BGB, § 47 Abs. 2 GBO sprechen für eine Rechtsfähigkeit
      d) h.M. historischer Wille des Gesetzgebers ist durch Erlass der neueren Normen (vgl. I 2. c)) überholt

II. OHG
   1. Entstehung im Außenverhältnis
      a) Eintragung (§ 123 Abs. 1 HGB)
      b) Aufnahme der Geschäfte mit Zustimmung aller (§ 123 Abs. 2 HGB)
   2. Teilrechtsfähigkeit (§ 124 Abs. 1 HGB)

III. KG vgl. OHG (§§ 161 Abs. 2, 123, 124 HGB)

19 **Überblickschema:** Ansprüche gegen Gesellschafter einer Personengesellschaft

I. (Teil-) Rechtsfähigkeit der Gesellschaft (vgl. Überblickschema Rechtsfähigkeit von Personengesellschaften)

II. Anspruch gegen die Gesellschaft

III. Akzessorische Haftung der Gesellschafter
   1. OHG (§ 128 S. 1 HGB)

a) Gesellschafter

b) Verbindlichkeit der Gesellschaft

c) keine Einwendungen gegen die Forderung

aa) der Gesellschaft (§ 129 Abs. 1 HGB)

bb) des Gesellschafters

d) kein Leistungsverweigerungsrecht

aa) Anfechtbarkeit des Geschäfts durch die OHG (§ 129 Abs. 2 HGB)

bb) Aufrechenbarkeit durch die OHG (§ 129 Abs. 3 HGB)

e) RF

aa) persönliche Haftung

bb) als Gesamtschuldner (§ 421 BGB)

cc) auf Erfüllung (str.), wenn keine höchstpersön liche Verpflichtung (Erfüllungstheorie), *ansonsten*

dd) auf Ersatz in Geld (Haftungstheorie)

Hinweis: Haftung kann Dritten ggü. nicht generell ausgeschlossen werden (§ 128 S. 2 HGB), sondern nur individuell mit Drittem vereinbart werden.

2. GbR

a) keine gesetzliche Regelung

b) früher Doppelverpflichtung: Verpflichtung der Gesellschaft ist gleichzeitig Verpflichtung der Gesellschafter

c) heute h.M. akzessorische Haftung analog §§ 128, 129 HGB (s. OHG)

3. KG

a) Komplementär (§§ 161 Abs. 2, 128, 129 HGB)

b) Kommanditist (§ 171 HGB)

aa) Ausschluss der Haftung
  (1) Eintragung ins HReg (§ 172 HGB)
    (a) Stellung als Kommanditist
    (b) Haftungssumme
  (2) Einlage geleistet (auch eine Leistung des Kommanditisten an andere Gläubiger iHd Haftungssumme führt zur Enthaftung; Sacheinlagen sind möglich)
  (3) keine Rückzahlung der Einlage (§ 172 Abs. 4 HGB)
  (4) RF: keine persönliche Haftung

bb) beschränkte Haftung
  (1) Eintragung ins HReg (§ 172 HGB)
    (a) Stellung als Kommanditist
    (b) Haftungssumme
  (2) keine Einwendungen (§§ 161 Abs. 2, 129 HGB)
  (3) RF
    (a) persönliche Haftung
    (b) auf Ersatz in Geld (nicht Erfüllung)
    (c) beschränkt auf Haftungssumme

cc) unbeschr. Haftung (§ 176 Abs. 1 S. 1 HGB)
  (1) Geschäftsaufnahme der Gesellschaft vor Eintragung ins HReg
  (2) Zustimmung des Kommanditisten hierzu
  (3) vor Eintragung begründete Verbindlichkeit
  (4) dem Gläubiger ist Stellung als Kommanditist nicht bekannt
  (5) RF: Haftung wie persönlich haftender Gesellschafter (§§ 161 Abs. 2, 128, 129 HGB)

Hinweis: § 128 HGB findet keine Anwendung auf Sozialverbindlichkeiten.

Detailschema: Haftung des Gesellschafters bei Eintritt in eine Personengesellschaft 20

I. OHG (§ 130 HGB)
   1. Eintritt in bestehende Gesellschaft
   2. vor Eintritt begründete Gesellschaftsverbindlichkeit
   3. RF: Haftung nach §§ 128, 129 HGB

II. GbR
   1. keine gesetzliche Regelung
   2. Haftung analog § 130 HGB (s.o.)
   3. RF: Haftung analog §§ 128, 129 HGB

III. KG
   1. Eintritt in bestehende Gesellschaft
   2. als Komplementär (§§ 161 Abs. 2, 130, 128, 129 HGB)
   3. als Kommanditist
      a) keine Haftung (§§ 173 Abs. 1, 171, 172 HGB) (vgl. III. 3. b. bb) Überblickschema Ansprüche gegen Gesellschafter einer Personengesellschaft)
      b) beschr. Haftung (§§ 173 Abs. 1, 171, 172 HGB) (vgl. III. 3. b. aa) Überblickschema Ansprüche gegen Gesellschafter einer Personengesellschaft)
      c) unbeschr. Haftung (§ 176 Abs. 2 HGB)
         aa) keine Eintragung ins HReg
         bb) Verbindlichkeiten seit dem Eintritt
         cc) RF: Haftung wie persönl. haftender Gesellschafter (§§ 176 Abs. 1 S. 1, 161 Abs. 2, 128, 129 HGB)

21 **Detailschema:** Haftung des Gesellschafters nach Ausscheiden aus einer Personengesellschaft

I. OHG (§ 160 HGB)
   1. bestehende Gesellschaft
   2. Gesellschafter
      a) scheidet aus (§ 160 Abs. 1 HGB)
      b) wird Kommanditist (§ 160 Abs. 3 HGB)
   3. bis dahin begründete Verbindlichkeit
   4. Fälligkeit bis 5 Jahre nach Ausscheiden bzw. Eintragung der Änderung
      a) Fristbeginn: Ende des Tages der Eintragung ins HReg (§ 160 Abs. 1 S. 2 HGB)
      b) Anwendung der Verjährungsvorschriften des BGB (§ 160 Abs. 1 S. 3 HGB)
   5. Anspruch nach § 197 Abs. 1-5 BGB festgestellt *oder*
   6. schriftliche Anerkennung des früheren Firmeninhabers (§ 160 Abs. 2 HGB) *oder*
   7. gerichtliche oder behördliche Vollstreckungsmaßnahmen vorgenommen oder beantragt
   8. RF: persönliche Haftung

II. GbR vgl. OHG (§§ 736 Abs. 2 BGB, 160 HGB)

III. KG vgl. OHG (§§ 161 Abs. 2, 160 HGB)

22 **Aufbauschema:** actio pro socio (alle Personengesellschaften)

Hinweis: Fall der Prozessstandschaft

I. Anspruch der Gesellschaft

II. gegen einen Gesellschafter

III. RF
   1. nicht zur Leistung verpflichteter, geschäftsführungsbefugter Gesellschafter (ausnahmsweise auch ein nicht zur Geschäftsführung befugter Gesellschafter)

2. Anspruch der Gesellschaft
3. gegen anderen Gesellschafter
4. kann im Namen der Gesellschaft geltend machen

Aufbauschema: Aufwendungsersatz des Gesellschafters einer Personengesellschaft gegen die Gesellschaft **23**

Hinweis: Als Erstattung für eine Inanspruchnahme nach § 128 HGB (oder analog) wegen Anspruchs gegen die Gesellschaft.

I. GbR (§ 713 BGB)
   1. keine Abbedingung im Gesellschaftsvertrag
   2. geschäftsführender Gesellschafter (vgl. Ziff. I. 1. Überblickschema Vertreter im Handels- und Gesellschaftsrecht)
   3. Voraussetzungen von § 670 BGB
   4. RF
      a) Anspruch auf Aufwendungsersatz
      b) Anspruch auf Vorschuss (§ 669 BGB)

II. OHG (§ 110 HGB)
   1. geschäftsführender Gesellschafter
   2. Aufwendungen
      a) in Geschäftsangelegenheiten
      b) erforderlich

   Hinweis: Geleistete Zahlungen wegen akzessorischer Haftung gem. § 128 HGB sind Aufwendungen; die bloße Bereitschaft reicht nicht.

   3. Verlust
      a) unmittelbar durch Geschäftsführung oder
      b) aus Gefahren, die mit der Geschäftsführung unmittelbar verbunden sind

4. RF

a) Ersatzanspruch (§ 110 Abs. 1 HGB)

b) Verzinsung bei Geld (§ 110 Abs. 2 HGB)

III. KG vgl. OHG (§§ 161 Abs. 2, 110 HGB)

Hinweis 1: Eine akzessorische Haftung der Gesellschafter nach § 128 HGB (analog) scheidet aus, da es sich um eine Sozialverbindlichkeit handelt.

Hinweis 2: Kein Ausgleich gem. § 426 BGB wegen des Vorrangs der spezielleren Vorschriften. Ausnahme: Insolvenz der OHG.

24 **Überblickschema:** Fehlerhafte Gesellschaft

I. unwirksamer Gesellschaftsvertrag

1. Gesellschaftsvertrag wird angefochten
2. Gesellschaftsvertrag ist nichtig
3. Gesellschaftsvertrag ist aus sonst. Gründen unwirksam

II. Vollzug der Gesellschaft

III. drittschützende Vorschriften stehen nicht entgegen

1. Minderjährigenrecht
2. §§ 134, 138 BGB
3. § 123 BGB bei mehrgliedrigen Gesellschaften

IV. RF

1. keine Rückabwicklung
2. Möglichkeit der Auflösung für die Zukunft im Innenverhältnis

   a) Kündbarkeit (§ 723 BGB)

   b) Auflösungsklage (§§ 133, 161 Abs. 2 HGB)

3. keine Auswirkungen im Außenverhältnis

Überblickschema: Auflösung einer Personengesellschaft 25

Hinweis: Die Auflösung ist nicht gleichzusetzen mit der Beendigung der Gesellschaft. Beendet ist sie erst, wenn sie auseinandergesetzt ist. Bis dahin besteht sie mit dem Zweck der Auseinandersetzung fort.

I. GbR
   1. Auflösungstatbestand
      a) Kündigung durch einen Gesellschafter (§§ 723, 724 BGB) (dispositiv)
      b) Kündigung durch Gläubiger nach Pfändung (§ 725 BGB)
      c) Zweckerreichung oder -verfehlung (§ 726 BGB)
      d) Tod eines Gesellschafters (§ 727 BGB) (dispositiv)
      e) Eröffnung des Insolvenzverfahrens (§ 728 BGB) (dispositiv)
   2. Auflösungsbeschluss der Gesellschafter

II. OHG (§ 131 HGB)
   1. Auflösungstatbestand (§ 131 Abs. 1 HGB)
      a) Zeitablauf
      b) Gesellschafterbeschluss
      c) Eröffnung des Insolvenzverfahrens
      d) gerichtliche Entscheidung
      e) Gesellschaft besteht nur noch aus einem Gesellschafter (nicht in § 131 HGB genannt)
   2. keine Auflösungstatbestände sind insbes. gem. § 131 Abs. 3 HGB:

      Hinweis: Die folgenden Tatbestände führen nur zum Ausscheiden des Gesellschafters aus der Gesellschaft.

      a) Tod des Gesellschafters
      b) Eröffnung des Insolvenzverfahrens über das Vermögen eines Gesellschafters

c) Kündigung des Gesellschafters
d) Kündigung durch Privatgläubiger

III. KG vgl. OHG (§§ 161 Abs. 2, 131 HGB)

(Bei Tod des Kommanditisten wird die KG mit dessen Erben fortgesetzt, § 177 HGB)

26 **Aufbauschema:** Fortsetzung der Personengesellschaft nach dem Tod eines Gesellschafters (§ 139 HGB)

Hinweis: Das Folgende gilt für OHG und für den Komplementär einer KG wegen § 161 Abs. 2 HGB gleichermaßen.

I. Tod eines persönlich haftenden Gesellschafters

II. Fortsetzungsklausel im Gesellschaftsvertrag

1. Nachfolgeklauseln

Hinweis: Gesellschaftsanteil wird hierdurch vererblich.

a) einfache Klausel: Fortsetzung mit dem einen oder allen Erben
b) qualifizierte Klausel: Fortsetzung mit ausgewählten/m Erben
c) Umwandlungsklausel: Erbe wird Kommanditist
d) kombiniert: Umwandlungsklausel kann mit anderen Nachfolgeklauseln kombiniert werden

2. Eintrittsklausel: kein automatischer Eintritt: rechtsgeschäftliche Aufnahme des/der Begünstigten in die Gesellschaft ist notwendig.

III. RF

1. Erbe kann verlangen, dass er Kommanditist wird (§ 139 Abs. 1 HGB) (*beachte*: § 139 Abs. 2 HGB wenn Gesellschafter den Antrag des/der Erben nicht annehmen, kann Erbe fristlos kündigen)
2. Frist von 3 Monaten nach Kenntnis vom Erbfall (§ 139 Abs. 3 HGB)
3. Haftungserleichterung (§ 139 Abs. 4 HGB)

Schlussübersicht über alle wichtigen Gesellschaftsformen

Personengesellschaften	**Juristische Personen des Privatrechts**
nicht eingetragener Verein (§§ 21–54 BGB)	eingetragener Verein (e. V.) (§§ 21, 55 BGB)
Gesellschaft bürgerlichen Rechts (GbR) BGB-Gesellschaft (§§ 705 ff. BGB)	Versicherungsverein auf Gegenseitigkeit (VVaG)
Offene Handelsgesellschaft (OHG) (§§ 105 ff. HGB)	Gesellschaft mit beschränkter Haftung (GmbH) (§ 13 GmbHG)
Partnerschaftsgesellschaft (PartG)	Kommanditgesellschaft auf Aktien (KGaA) (§§ 278 ff. AktG)
Partenreederei (§ 489 HGB)	Aktiengesellschaft (AG) (§ 1 Abs. 1 S. 1 AktG)
Kommanditgesellschaft (KG) (§§ 161 ff. HGB), [auch GmbH & Co. KG; AG und Co. KG]	Europäische Aktiengesellschaft (SE) (EG-Verordnung 2157/2001)
Europäische Wirtschaftliche Interessenvereinigung (EWIV)	eingetragene Genossenschaft (eG) (§ 17 Abs. 1 GenG)
	Europäische Genossenschaft (SCE) (EG-Verordnung Nr. 1435/2003)

Stichwortverzeichnis

(Die Angaben beziehen sich auf Seitenzahlen)